NADA DE ERRADO COM VOCÊ

MiCHAEL JAMES

NÃO TEM NADA DE ERRADO COM VOCÊ

MESMO QUE AS PESSOAS DIGAM O CONTRÁRIO

Tradução Marcia Blasques

astral
cultural

Todos os direitos reservados
Copyright © 2021 Michael James
Copyright © 2021 Watkins Media Limited
Título original: Feel Better, No Matter What: A 4-Week Course to Love the Life You Have Right Now
Esta edição foi publicada pela primeira vez no Reino Unido e nos Estados Unidos em 2021 pela Watkins, uma impressão da Watkins Media Limited. www.watkinspublishing.com
Tradução para Língua Portuguesa © 2022 Marcia Blasques.
Todos os direitos reservados à Astral Cultural e protegidos pela Lei 9.610, de 19.2.1998.
É proibida a reprodução total ou parcial sem a expressa anuência da editora.
Este livro foi revisado Segundo o Novo Acordo Ortográfico da Língua Portuguesa.

Editora Natália Ortega
Produção editorial Esther Ferreira, Jaqueline Lopes, Renan Oliveira e Tâmizi Ribeiro
Preparação de texto Pedro Siqueira
Revisão de texto João Rodrigues
Capa Renan Oliveira e © Watkins Media Limited 2021

Dados Internacionais de Catalogação na Publicação (CIP)
Angélica Ilacqua CRB-8/7057

J29n James, Michael
    Não tem nada de errado com você : mesmo que as pessoas digam o contrário / Michael James ; tradução de Marcia Blasques. -- Bauru, SP : Astral Cultural, 2022.
    224 p. : il.

    ISBN 978-65-5566-255-9
    Título original: Feel Better, No Matter What: A 4-Week Course to Love the Life You Have Right Now

    1. Autoajuda 2. Desenvolvimento pessoal I. Título II. Blasques, Marcia

22-4118
CDD 306.874

Índice para catálogo sistemático:
1. Autoajuda

BAURU
Av. Duque de Caxias, 11-70
8º andar
Vila Altinópolis
CEP 17012-151
Telefone: (14) 3879-3877

SÃO PAULO
Rua Major Quedinho, 111
Cj. 1910
19º andar - Centro Histórico
CEP 01050-904
Telefone: (11) 3048-2900

E-mail: contato@astralcultural.com.br

SUMÁRIO

Apresentação 7
Introdução - A liberdade emocional de ser você mesmo 9

Parte 1 - Como a vida funciona 16
Capítulo 1 - Evolução: a jornada do ser humano 17
Capítulo 2 - A vida é um espelho 23
Capítulo 3 - Autoaceitação incondicional 28

Parte 2 - Não tem nada de errado com você 34
Como usar este curso 35
Semana 1 - Conecte, sintonize e foque 40
Semana 2 - Liberdade 72
Semana 3 - Confiança e amor-próprio 102
Semana 4 - Seja mais você 121
Depois do curso - Questões e soluções 140

Parte 3 - Relacionamentos e autoconfiança 152
Capítulo 1 - Pareça e sinta seu melhor 153
Capítulo 2 - Bem-estar, saúde e cura 167
Capítulo 3 - A busca pelo amor 181
Capítulo 4 - Relacionamentos melhores com entes queridos e colegas 195

Capítulo 5 - Perdão, desapego e como lidar
com julgamentos 208

Conclusão 221

Apresentação

Acontecimentos recentes me lançaram em um pesadelo emocional. Minha autoestima estava o tempo todo baixa, e eu me sentia inútil e nada atraente. Não conseguia me concentrar no trabalho. Não conseguia fazer nada. Mas ali estava eu no escritório, arrastando meu corpo até a mesa para outro dia, em um trabalho que me deixava esgotado e sem inspiração. Eu só queria sumir.

Uma colega veio falar comigo e, em poucos instantes, começou a desabafar sobre seus problemas. Eu não ligava muito para o que ela estava me dizendo, mas, enquanto tentava me focar nas suas palavras, minha mente entrou em uma tempestade de pensamentos. Estava me afogando, e precisava de um bote salva-vidas. Ponderei se deveria telefonar novamente para o Centro de Valorização da Vida ou simplesmente desabar no chão. Estava no meio de um ataque de pânico, preso na imensa dor de pensar demais e em um redemoinho de emoções.

— Você é tão calmo — disse minha colega. — Queria ser tão calma quanto você.

É incrível como podemos enfrentar esse tipo de batalha à vista de todas as pessoas, sem realmente sermos vistos. Fiquei surpreso com o fato de ela ver o exato oposto do que eu estava sentindo, mas não consegui pensar mais naquilo porque a culpa, a autocrítica e o medo me dominaram. Eu havia lido todos os livros mais indicados de autoajuda e de desenvolvimento pessoal disponíveis no mercado, mas nada parecia ter funcionado. *O que há de errado comigo?*, pensei. *Por que não consigo "ser otimista", "amar a mim mesmo" e "viver no agora"?* O que quer que isso signifique. *Por que não consigo "atrair" uma vida melhor?*

Não sei como me acalmei naquele dia, mas acabei superando aquele mal-estar — só para retornar ao meu inferno pessoal algumas horas mais tarde. Eu não conseguia impedir esses pesadelos emocionais.

Mas isso era antes...

Introdução

A LIBERDADE EMOCIONAL DE SER VOCÊ MESMO

Seja nos livros, nas redes sociais ou na TV, muito se fala nos dias de hoje sobre autodesenvolvimento e empoderamento. O tempo todo nos falam para relaxar, nos libertarmos do drama, deixar as coisas de lado, nos afastar, ser otimistas, viver o momento. Coisas que você provavelmente ouviu mais de cem vezes e que parecem se resumir a uma única coisa: lutar para mudar tudo do que você não gosta em si mesmo. Acredito que essa abordagem equivale a ser resistente, mas aquilo a que resistimos persiste. Falaremos mais sobre isso depois.

E se eu disser que você já é mais desenvolvido do que imagina, que não precisa de aperfeiçoamento? De fato, o que descobri por meio de experiências pessoais, pesquisa e meu trabalho como "coach de vida" é isto: cada um de nós, incluindo você, já é empoderado, e esse é o estado que chamo de "eu real" — o eu autêntico livre das nuvens do pensamento excessivo, aquilo que somos.

Comecei analisando diferentes filosofias. Estava procurando paz na minha própria vida, então estudei esse assunto a fundo, tentado descobrir o que realmente funcionava. Nos livros, descobri várias ideias que soavam otimistas, mas eu ainda tinha dificuldades na vida real, especialmente em determinadas épocas — quando me pegava pensando em excesso e diante de desafios emocionais de viver o dia a dia. Depois de começar um grupo de estudos em busca de algo que realmente funcionasse, percebi que quase nada dava resultado para os demais também, que não era só comigo.

Muitas pessoas diziam que não conseguiam entender os chamados "passos fáceis para uma vida melhor" sobre os quais tanto liam. Elas ainda lutavam com suas emoções e, às vezes, se sentiam até piores depois de ler livros que exigiam que elas fossem otimistas o dia todo. Escolher os pensamentos corretos e ser feliz o dia todo era cansativo. E, apesar de lerem sobre os ensinamentos do mais recente guru (e até de irem a eventos em que era possível se sentar com a pessoa por horas), suas vidas não mudavam.

Outras diziam ter participado de retiros de meditação para tentar "elevar suas vibrações". As mais impacientes optavam por um daqueles workshops que prometiam ensinar a conseguir tudo o que se quer em um final de semana. Na semana seguinte, depois de 48 horas intensas, chegava a quarta-feira, e aquelas pessoas já haviam voltado aos antigos hábitos, sentindo-se fracassadas. Ou passavam meses tentando atrair sua alma gêmea, uma carreira ou um propósito de vida, sem sucesso.

Muitos ensinamentos populares de autodesenvolvimento dizem que mudanças significativas vão chegar em algum momento no futuro. Mas não demora muito até as pessoas voltarem a antigos problemas de relacionamento, mudanças de humor e questões de autoestima, fazendo com que se sintam mais derrotadas do que antes.

Rituais, técnicas de respiração, práticas energéticas, movimentos: a lista de coisas para fazer fica cada vez maior. Você pode levar uma vida inteira para vasculhar todas as teorias disponíveis, quem dirá experimentá-las. Lembro de pensar: será que ter uma vida boa precisa ser tão complicado assim?

No entanto, o grupo de estudos não foi uma perda de tempo. Alguns aspectos dos ensinamentos de autoajuda que exploramos ajudavam e pareciam oferecer esperança. Apesar de virem de uma ampla gama de tradições e momentos históricos, esses aspectos compartilhavam algumas mensagens universais: trate os demais como você gostaria de ser tratado; esteja no presente; seja você mesmo; perdoe; ame as pessoas (e lembre-se de que você também é uma pessoa, então comece amando quem você é); Deus é amor, e o amor é a verdadeira realidade — só para citar algumas. Havia muitas outras ideias animadoras, mas a questão permanecia: como fazemos essas grandes ideias funcionarem no nosso dia a dia? Não importava quão bons esses conceitos parecessem, colocá-los em prática era algo completamente diferente.

Durante a década seguinte, administrando meu grupo habitual no centro de Londres, mais percepções emergiram. Assim, desenvolvi minhas próprias ferramentas de coaching, que depois ensinei aos meus alunos. Os resultados foram animadores, tangíveis e profundos, levando a uma mudança consistente no bem-estar da vida das pessoas. Meus alunos, que levavam vidas muito diferentes entre si, diziam que essas ferramentas estavam funcionando para eles, e que as mudanças que experimentavam eram sólidas — independentemente do que estivesse acontecendo. Ao longo dos anos, essas ferramentas evoluíram para um curso de coaching, que será compartilhado pela primeira vez neste livro. Ao usar essas ferramentas, tenho certeza de que você também poderá se sentir melhor, não importa as circunstâncias que enfrente ou quais mudanças queira fazer.

No desenvolvimento do curso de quatro semanas contido aqui, não tive um despertar mágico. Não possuo poderes especiais. Eu somente encontrei uma abordagem simples e prática que vai ensiná-lo a sintonizar sua própria voz interior, seu "eu real" ou seu poder supremo (de qualquer maneira que você se relacione com ele). No curso, iremos examinar as situações cotidianas que a vida nos apresenta — relacionamentos românticos, preocupações com o corpo, relacionamentos com a família, saúde e cura — e descobrir como encontrar liberdade em todas elas.

> TRATA-SE DE ENCONTRAR LIBERDADE EMOCIONAL ONDE QUER QUE VOCÊ ESTEJA. DE AMAR QUEM VOCÊ É.

Este livro é uma coletânea do meu trabalho, com o propósito de mostrar que há outra forma de se aceitar e despertar a confiança para levar uma vida melhor, sem que seja preciso mudar nada. Que você é o suficiente, aqui e agora — não importa como esteja se sentindo no momento. Que você sempre foi o suficiente, embora seja perfeitamente normal não notar isso às vezes. Imagine-se mandando embora tudo o que esteja no caminho de quem você é, clareando sua visão até conseguir ver o melhor em si mesmo e na vida. Dissipando as nuvens que impedem a luz de atravessar.

Liberdade de ser quem você é

Todo mundo quer se sentir livre para ser quem é, livre de inseguranças e da autocrítica excessiva, porque sabemos que a vida fica melhor assim. Ao acompanhar meu curso de quatro semanas, você vai começar a entender que todas as suas reações emocionais, todas as suas falhas e todos os seus defeitos podem ser dons de transformação. Você vai ver como pode ser livre para aceitar todos os seus triunfos, assim como os seus tropeços. Como pode se ver livre das limitações do excesso de pensamento. Da mente que lhe diz que "você não vai conseguir fazer" ou o avisa que "talvez eles o julguem se fizer isso". Todos temos essa mente: ela é nossa melhor amiga quando sabemos como trabalhar com ela, e nosso maior obstáculo quando não sabemos.

Você pode achar que ser livre para ser quem é significa sustentar hábitos e comportamentos limitantes. Ou que se for gentil e bondoso com você mesmo, de algum modo, poderá se tornar uma má pessoa — o que quer que isso signifique. Isso parece ser parte da natureza humana; no fundo, acreditamos que precisamos ser controlados. Essa ideia pode vir da nossa cultura, da nossa criação, da nossa educação ou de alguma outra fonte, mas com certeza não vem da espiritualidade — que diz que fomos criados à imagem da perfeição. Acredito sinceramente que somos todos perfeitos, amorosos, confiantes, e que podemos coexistir em harmonia nas nossas diferenças.

> VOCÊ NÃO PRECISA DAS REGRAS QUE PENSA PRECISAR.

Todos prosperam quando são aceitos e tratados com amor. O indivíduo e o mundo entram em equilíbrio. Somos iluminados por natureza, perfeitos na nossa inocência e na nossa bondade, como crianças. Conforme crescemos, nossos pensamentos — na forma de crenças, atitudes e opiniões — dizem que não somos suficientes do jeito que somos, então tentamos disfarçar ou suprimir nosso "eu" autêntico. Mas essa camada não somos nós; ela só está cobrindo nossa verdadeira natureza, que permanece completamente formada e perfeita.

E é por isso que você não precisa ser consertado. Você não precisa se curar ou se aperfeiçoar incansavelmente. Se você nasceu perfeito, por que precisaria fazer isso? Lembre dos mentores ou professores que fizeram a diferença na sua vida. Eles viram quem você realmente é. Eles não se ofereceram para consertá-lo ou mudá-lo; eles simplesmente viram a sua verdade. E espero que, ao ler este livro, você também veja a verdade em si.

Como usar este livro

Desejo que, a essa altura, você tenha consciência da jornada na qual está prestes a embarcar e como o curso de quatro semanas é sobre se sentir melhor em vez de ser melhor. Ao longo deste livro, você vai aprender a mudar de marcha e a admirar exatamente aquela coisa que você pensava ser um problema, além de ver como sua liberdade está esperando para ser descoberta aqui e agora.

Antes de começarmos, vamos explorar alguns princípios que espero que lhe dê uma nova maneira de olhar para as etapas da vida que todos atravessamos, do nascimento até a idade adulta — e como essa nova perspectiva se relaciona com sua própria vida. Você vai entender que a vida está ao seu lado, e que a autoaceitação e o amor-próprio são a chave para prosperar. Você vai aprender a teoria para aplicar as ferramentas práticas que precedem a ação.

O curso começa ajudando-o a criar uma base sólida. Você vai entender exatamente em que ponto está, para então aprender a limpar sua mente e a se livrar de determinados pensamentos por meio da meditação. Nesse momento, estará pronto para acreditar que você é suficiente e que tudo sobre você é bom, mesmo as coisas que considerava ser um problema.

As técnicas e as ferramentas que você vai aprender vão fixar todos esses sentimentos positivos na sua mente, para que possa começar a levar uma vida melhor — confiante, conectado e apreciando o momento, ao mesmo tempo que anseia pelo que está por vir. Este não é exatamente um curso prescritivo, em que você precisa fazer certas coisas em determinados dias, mas como compartilho as ferramentas em uma ordem específica, fica por sua conta experimentá-las. Cada prática se baseia na anterior, trazendo mudanças duradouras. Coisas incríveis acontecem quando você aprende a ser você mesmo e como se aceitar, permitindo-se brilhar.

Por fim, exploraremos alguns dos aspectos mais desafiadores da vida: imagem corporal, relacionamentos românticos etc., e mostrarei como aplicar algumas das ferramentas que você aprendeu no curso em situações específicas. Além disso, compartilharei alguns ensinamentos poderosos, direto da minha experiência de coach.

Parte 1

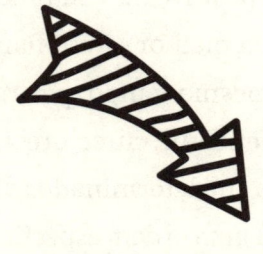

COMO A VIDA FUNCIONA

Capítulo 1

EVOLUÇÃO: A JORNADA DO SER HUMANO

Sem tensão não há evolução.

Um organismo evolui quando enfrenta resistência ou desafios. Esse processo ocorre de forma involuntária e em nível celular em todos os seres vivos do universo.

O sistema imunológico, por exemplo, precisa de invasores para aprender a lutar contra eles e se tornar mais forte; é uma forma de evolução. Seja nos glóbulos brancos do sistema imunológico, no organismo inteiro ou em tudo que existe entre os dois, a resistência e os desafios são necessários para futuras adaptações. O meio ambiente e a própria jornada da vida proporcionam um programa de treinamento de resistência para que o organismo cocrie sua evolução junto ao seu progresso, de modo a se tornar mais adaptado para levar uma vida melhor. Os adversários podem ser vistos como oportunidades para criar resistências a partir das quais evoluir. Então, a escolha é enfrentar os desafios, o que leva à adaptação e à prosperidade, ou deixar a espécie acabar. Desse modo, é possível ver que obstáculos são coisas boas, e até essenciais, do ponto de vista da evolução.

É o mesmo com a evolução humana. Mas temos uma diferença: o pensamento. Nossa resistência aos pensamentos, ao falatório interno é, em geral, mais desafiadora do que os problemas em si. Essa faceta da espécie humana é o que nos torna únicos e diferentes. A humanidade resiste mais do que qualquer outro ser vivo, e é por isso que nossa evolução superou todas as outras. Recebemos os ganhos do nosso desenvolvimento de maneira mais rápida também, ainda enquanto estamos vivos, em vez de esperar que apenas as futuras gerações experimentem esses upgrades.

Um jeito de olhar para a vida é pensar que você está aqui para evoluir — ou para conhecer e desfrutar dessa experiência. Para muitas pessoas, a vida é uma luta para chegar o tempo todo a algum lugar; essas pessoas estão presas nos problemas — no levantamento de peso em si, em vez de nos ganhos que podem advir dele. O que está entre você e seu "eu real" é o que às vezes chamamos de bloqueios ou padrões, que em geral são coisas como insegurança, vergonha, culpa, medo, autocrítica e até mesmo ódio por si mesmo. Só que você já é seu "eu real". Mas como alcançá-lo? Como perceber isso?

Estágio 1: nascido perfeito e livre

Você nasceu perfeito, iluminado — seu "eu real", autêntico, como um pequeno sol irradiando conhecimento. Dá para ver essa aura, esse brilho, essa alegria em crianças muito pequenas, como se elas reluzissem mais que todo mundo ao seu redor. Elas não são especialistas em desenvolvimento pessoal ou pensamento positivo, e não precisam ser. A vida, para elas, simplesmente funciona: são adoráveis e agradáveis de se ter por perto; elas se manifestam melhor que a maioria dos adultos (perceba que elas recebem a maior parte dos presentes nos aniversários e nas festas, e quase todos as amam).

Uma vez, alguém disse: "Torne-se uma criança pequena", e talvez fosse isso que essa pessoa queria dizer. Trata-se de assumir a mentalidade do "eu real", natural e inocente. E é assim que todos nós começamos. Não pensávamos muito, apenas seguíamos nossa intuição.

O "eu real" é aquela sua parte que sempre existe, não importa seu humor. Como o sol, seu "eu real" não pode ser extinto, ele continua a brilhar, independentemente de quantas nuvens (nosso falatório interno) estejam na frente. O pensamento nos impede de lembrar que somos — e sempre fomos — livres, poderosos e confiantes, e que temos a capacidade de evoluir para sermos muito mais. Seu "eu real" é dominante quando você está feliz e sincronizado com quem você é.

> SER SEU "EU REAL" SIGNIFICA SER VOCÊ MESMO, LIVRE DA BAGUNÇA MENTAL.

Estágio 2: passando para a fase adulta

Nesse estágio, pode parecer que você perdeu toda a inocência da infância. Só que isso não é possível, pois, embora você possa ter adormecido, seu "eu real" permanece intacto, não importa quais sejam suas experiências. Para alguns, essa etapa da vida é dramática; para outros, nem tanto. Para um terceiro grupo, os acontecimentos podem não ser tão dramáticos, mas suas reações a eles são. Para usar uma metáfora de academia, esse é seu treino.

O falatório interno é necessário se quisermos evoluir, mas com frequência nos orienta de forma terrível e nos confunde. Mas essa confusão também é parte da vida. Embora sinta que está perdido, você está, na verdade, evoluindo. Todo mundo sente essa tensão em um ou outro momento. Ela ocorre por causa do pensamento e da sua resistência a ele; significa que você entrou nos seus pensamentos.

Ao se envolver com a mente pensante, você aplica resistência à sua experiência de vida. Algumas pessoas chamam isso de "pensamento negativo", mas esse rótulo é parte do problema. Ninguém chama a resistência que ganhamos na academia de negativa (embora ela nem sempre seja fácil), porque entendemos seus benefícios. Pelo contrário, a maioria de nós escolhe essa resistência e gasta dinheiro para poder vivenciá-la. Com a vida, a história é diferente. Falam para nós que a tensão nunca é boa, mas essa abordagem não está funcionando.

A tensão da vida faz suas habilidades, seu poder e seu valor pessoal evoluírem. Proporciona uma vida melhor. Traz à tona sua melhor versão. Peguemos a insegurança como exemplo: precisamos agradecê-la, pois ela é o treino para a confiança. Até o ódio por si mesmo é um treino: para a autoconfiança ou para o amor-próprio. Não há nada de errado em sentir todos os tipos de emoção e ter todos os tipos de pensamento — não importa o que disseram para você. Pensamentos, tanto positivos quanto negativos, são o treino que faz nossa vida evoluir, e esse é o benefício desses pensamentos.

Então, não há nada de errado em experimentar tensão ou o falatório interno. Como os equipamentos da academia, a mente proporciona a tensão e a resistência de que você precisa para evoluir. Esse é o caminho para o empoderamento. Nada deu errado. Está tudo bem ser quem você é. A impotência é o levantamento de peso para seu empoderamento. Como toda evolução, é o desafio que faz as forças evoluírem.

Sem pensamentos, não há problemas: o que está no seu caminho são seus próprios pensamentos. Mesmo assim, essa tensão é sua amiga, porque contribui para a evolução da vida.

Estágio 3: retornando à mentalidade do seu "eu real"

Volte. Retorne à época em que você era inocente. Retome a conexão com seu "eu real" e veja o falatório interno pelo que ele é. Desperte e seja uma criança novamente. Veja como é melhor agora, uma vez que você desviou do caminho e evoluiu tanto. É um processo excitante, no qual as quatro semanas deste curso o ajudarão a colher os benefícios em sua própria vida.

Ao atravessar esse processo, adaptando-se e prosperando em resposta à mudança, a vida vai continuar melhorando. Claro, pode não parecer assim na ocasião. Se você se concentrasse apenas nos pesos na academia, não perceberia como seu corpo está mudando. Bem como se você levantasse pesos sem descanso, os ganhos não viriam. E se não erguesse nada, não ganharia músculo algum. Então, tanto a tensão quanto o descanso são necessários. Da mesma forma com o pensar e,

> SER SEU "EU REAL" É A CHAVE PARA ACESSAR SEUS GANHOS EVOLUTIVOS O MAIS RÁPIDO POSSÍVEL. ELES JÁ ESTÃO AQUI, AGORA. ABRA A PORTA E DEIXE-OS ENTRAR.

depois, o parar de pensar. É assim que evoluímos e recebemos os ganhos dessa evolução.

Sendo você mesmo

Na minha vida, já passei por períodos de pensamentos excessivos, de depressão e de ansiedade. A vida se tornou assustadora e desagradável. Eu só não sabia que essa era a minha evolução. Porque, enquanto estamos batalhando para evoluir, é difícil ver os benefícios. É assustador, e parece inútil e cruel quando não conhecemos a história toda. Vendo dessa forma, o planeta é como uma academia para os seres poderosos que somos. A vida é desfrutar da experiência evolutiva. É a liberdade de se expressar completamente. É sentir o que você sente sem se preocupar com isso — a mesma liberdade que você tinha quando era criança.

> ESTÁ TUDO BEM: A REPRESSÃO É O "PESO" QUE CRIA MAIS LIBERDADE.

Em algumas sociedades e em alguns ensinamentos filosóficos, a diversidade é desencorajada. Aqueles com fortes razões de ser e com novas ideias são condenados ao ostracismo. Mas estamos aqui para expressar quem somos. Somente o mecanismo de pensamento humano limitado e o falatório interno querem reprimir quem somos. Mas essa repressão também é parte da jornada, e mais um treinamento de resistência.

Muitos acabam se acomodando e seguindo a multidão, as normas sociais e o que está na moda por causa do medo de não se encaixar. Viver seu "eu real" exige coragem. As pessoas que são elas mesmas, apesar de às vezes serem desaprovadas, emergem como luzes lendárias na história, enquanto levam sua melhor vida.

Capítulo 2

A VIDA É UM ESPELHO

A vida reflete o que você sente sobre si mesmo.

Quando se sente incrível e feliz, você não precisa da aprovação do mundo. Você não precisa de nada. E, nesse estado de realização, você recebe o mundo. Sente-se lúcido e confiante em uma área particular da sua vida, que em geral dá certo. Isso acontece porque a vida reflete nossa confiança e nosso valor próprio. Como resultado, a vida se torna professora de empoderamento. A confiança é, mesmo, tudo — o resto é balela. Porque a verdade é que você já é "o tal". Viver não é se tornar maior ou melhor, mas saber quem você já é. Sempre que você se sente menos que ótimo é porque a evolução está em ação.

Com frequência, procuramos amor e aceitação nos outros, antes mesmo de amarmos ou aceitarmos a nós mesmos. Conforme passamos à segunda etapa, à vida adulta e ao pensar demais ("treino de levantamento de peso"), começamos a procurar alguém que diga que somos incríveis e ficamos à espera de sermos "descobertos" ou considerados especiais. Essa busca por aprovação começa na infância, quando tentamos agradar a nossos pais ou cuidadores. O problema é que, mesmo quando temos aprovação externa, ela nunca é o bastante. Buscamos mais e mais aprovação, sem saber que o que realmente procuramos é autoconfiança e amor-próprio. A vida, portanto, reflete nosso nível de amor-próprio e de autoaceitação. Só conseguimos o que queremos na medida em que sabemos quem somos.

Sua opinião a seu respeito é o mais importante, não o que os outros dizem sobre você nem o que está acontecendo neste instante. A vida vai refletir o que você sente sobre si mesmo. Isso não é uma recompensa ou uma punição, mas uma ferramenta que pode ser usada para desenvolver sua autoconfiança e ajudá-lo a personificar, aqui e agora, a pessoa incrível que você é.

> A MAIORIA DE NÓS ANSEIA POR ESSA TOTALIDADE INTERNA, ESSA SENSAÇÃO DE SER. UMA PESSOA INDEPENDENTE E REALIZADA É MAIS CATIVANTE E ATRAENTE.

Tenho certeza de que essa não é a primeira vez que você ouve falar da importância da autoestima. A questão é: como me sinto autoconfiante? Como amar a mim mesmo? É nesse ponto que entra o curso de quatro semanas.

Tudo bem ser você e se sentir como se sente

Príncipes e princesas não se sentem príncipes e princesas o tempo todo, e tudo bem. Todo mundo tem batalhas e tempestades internas. Escondemos nossa vida interior porque não a achamos atraente. Você publicaria uma foto feia sua no Instagram depois de um treino pesado, quando parece exausto? Provavelmente não. Isso não é ser inautêntico — é compreensível. Todos escondem partes de si mesmos. Você não é o único que se sente assim, mesmo que todo mundo ande por aí sendo perfeito o tempo todo, sem transparecer outras emoções.

O objetivo de se sentir confiante o tempo todo parece uma boa ideia, mas é inalcançável e praticamente impossível de acontecer. Muitas pessoas se obrigam a ser positivas, não importa onde estão e o que está acontecendo. Claro, essa atitude surge de boas intenções. Mas também precisamos de um momento para o nosso treinamento, e você quer se permitir isso. Esse também é o motivo pelo qual tantos ensinamentos sobre pensar positivo acabam nos mostrando como punir nós mesmos. Amar a si próprio é amar todas as suas partes: nos momentos em que está feliz e nos momentos em que não está feliz, mas treinando para ser.

Ninguém ficaria bravo se um atleta campeão se sentisse exausto durante o treino. As pessoas sabem que isso é parte da preparação dele. Mais tarde, quando o atleta estiver na pista, ele pode brilhar e ser incrível e feliz. Mas o momento do treino não é uma performance estelar, é treino. O problema é a resistência ao jeito como você se sente, não o jeito como se sente.

Vamos ser realistas: todos sentimos diversos tipos de emoções. Não conheço ninguém que permaneça em um estado constante e imutável de alegria, felicidade ou confiança. E se for assim que tem que ser? E se todas as emoções fossem boas?

O problema não é você se sentir carente ou desesperado, por exemplo, porque todo mundo se sente assim em algum momento. Não é o sentimento que é desanimador, mas, sim, a falta de autoaceitação. É o fato de você não aceitar aquele estado de espírito, sentimento ou a si mesmo. Você não está aproveitando esse sentimento de carência para conseguir os músculos que quer. Todo mundo sente carência de vez em quando.

Outra definição para carência é ambição, algo necessário para criar grandes sonhos. Às vezes, a ambição pode ser desconfortável e causar descontentamento, mas ela não é vista como um sentimento do qual temos que nos envergonhar. Essa mudança de perspectiva pode ajudá-lo a aceitar seus sentimentos. Caso permita que seus sentimentos existam, você deixará de ser um obstáculo para si mesmo e vai encontrar liberdade.

Pensamentos excessivos *versus* "eu real"

A maioria das pessoas pensa sem parar ao longo do dia — independentemente do falatório interno que lhe venha à mente —, mas esse costume é a maior causa da nossa angústia e da angústia mundial. Esqueça tudo que leu sobre o poder dos pensamentos: pensar não o levará mais perto das respostas. Chamo isso de mentalidade de "eu inferior".

Não estou dizendo que pensar excessivamente seja sempre negativo, mas os pensamentos tendem a proporcionar tensão, não respostas. O falatório interno exercita nossos músculos e melhora nossa vida. Sim, nossos pensamentos desenvolvem resistência, mas eles são apenas um instrumento que podemos usar. Não temos que ser parte da mecânica: podemos sair dela e entrar no nosso "eu real", que se comunica não por meio de pensamentos, mas por meio de percepções, conhecimento, intuição e instinto.

O problema é que fomos levados a pensar que somos essa mente pensante, que ela é nosso guia, e fomos levados a ouvir seus conselhos, mesmo que estejam quase sempre errados. Como não nos disseram que há outro modo, continuamos pensando demais e nos criticando por pensar demais; e a vida só piora. Não percebemos que existe outro guia no qual podemos sintonizar.

Quando somos nosso "eu real", não prestamos atenção ao nosso falatório interno. Somos um canal aberto às percepções, ao conhecimento, à intuição e às ideias; sabemos o que fazer e nos sentimos incríveis — coisa que já somos.

A batalha interna é entre o intelecto e a intuição: a mente do "eu inferior" *versus* o "eu real". O intelecto do "eu inferior" é uma fonte de conhecimento pequena e limitada; o "eu real" é sem limite. Mas o falatório interno do "eu inferior" é, em geral, mais barulhento e apelativo para nós. Ao participar deste curso, você vai experimentar o seu "eu real" vindo à tona com clareza, enquanto o falatório interno vai aquietar e diminuir.

Capítulo 3

AUTOACEITAÇÃO INCONDICIONAL

Ame-se mais.

Eu tinha acabado de terminar uma aula com o meu grupo em Londres, quando alguns dos participantes regulares começaram a conversar sobre o quanto estavam gostando e como aquilo era diferente de tudo que já tinham visto. No final daquelas noites, eu me sentia muito bem. Mesmo assim, naquela ocasião em particular, o grupo me fez tantos elogios e me senti tão grato que minha energia foi para outro nível.

Eles começaram a dar sugestões de como eu poderia divulgar melhor minha mensagem, oferecendo mais aulas ou então workshops, um audiolivro, eventos on-line e assim por diante. Eles estavam muito entusiasmados. Então, uma mulher, que não tinha dado nenhuma sugestão, interrompeu o grupo e se voltou para mim:

— Não, não, não, você só precisa fazer uma coisa: se amar mais — disse ela. — Assim como você nos ensina a fazer.

Em vez de me sentir julgado ou exposto, a sinceridade daquela mulher me atingiu em cheio. Fiquei parado, sentindo o impulso de ouvir o que ela estava me dizendo. Ela também ficou parada — e aquela era a mensagem em sua totalidade. Eu precisava me amar mais. E apenas isso.

Naquela época, essa mensagem de autoaceitação incondicional e de ser gentil consigo, como um caminho prático para o empoderamento, era uma novidade que eu já estava compartilhando. Ensinava que nosso bloqueio número um é a autocrítica exagerada. E naquele momento eu era incentivado a colocar aquilo em prática: me apreciar e ser gentil comigo em um nível mais profundo; me aceitar mais profundamente.

Pare de se atrapalhar

Assim como muitos de nós, eu costumava ser duro comigo. O lado positivo disso, como um atleta rigoroso e disciplinado, é que minha crítica interior me obrigou a ir cada vez mais fundo nas questões, a fim de descobrir as respostas de que precisava. Mas como qualquer hábito, maltratar a nós mesmos é algo que fazemos sem pensar, e podemos nos acostumar a dizer coisas que nos fazem mal. Embora eu tivesse feito grandes mudanças na minha vida, ainda havia mais trabalho a ser feito, em áreas nas quais não tinha aceitado totalmente quem eu era. Descobrir novas áreas e entender que isso é uma jornada contínua faz muito bem: saber quão melhor a vida pode ficar, ainda que ela já esteja muito boa.

Quando somos gentis com nós mesmos praticamos a autoaceitação — e mesmo por sermos autocríticos —, nosso "eu falso", que pensa demais, sai do caminho e nosso poder natural toma a dianteira. Embora a jornada evolutiva das dificuldades seja perfeitamente normal, a gentileza é o caminho, então precisamos ser gentis com nosso lado rígido também. Saber que estamos fazendo o melhor que podemos em cada momento. Ser gentil com todos os aspectos de nós mesmos, sem exceção. Isso é o verdadeiro amor-próprio.

Alguns acreditam que é narcisismo amar a si mesmo acima de tudo. Mas o narcisismo é o oposto do amor-próprio e da confiança interna. Narcisismo é desejar constantemente o amor dos demais e precisar da atenção do mundo, em geral recorrendo à manipulação para conquistá-los. O narcisismo só leva a uma existência vazia e nasce de uma total falta de autoestima. Quando nos sentimos bem com nós mesmos, quando nos amamos, não desejamos nem precisamos de nada que vem de fora. E esse é geralmente o momento em que conseguimos tudo "de fora".

Pratique

Lembre de ser gentil com você mesmo, independentemente das circunstâncias. Isso não quer dizer sentir-se bem o tempo todo, significa aceitar-se como você é e como sua vida está, mesmo naqueles momentos em que acha não ser possível. Quando você aceita todas as partes de si, quando percebe que tudo bem ser quem você é, a vida flui com mais naturalidade. E esse processo leva menos tempo do que imagina. Mas, afinal, como isso funciona?

Ser você mesmo traz autenticidade, tornando mais fácil expressar-se livre e honestamente. Com a liberdade para sentir todas as suas emoções, você não se prenderá à tarefa impossível de ser feliz o tempo todo. Ao fazer isso, vai ver que suas partes que, até então, pareciam estragar sua vida, na verdade são seus maiores presentes. Ao se respeitar mais, você se sentirá mais confiante, e a vida vai refletir esse sentimento. Dessa forma, você vai se respeitar e se apreciar mais, e a vida vai respeitá-lo e apreciá-lo de volta.

Quando começar a ser gentil com todos os aspectos da sua personalidade e aceitar todas suas facetas e emoções, provavelmente haverá tropeços. Tudo isso é o treino; é a evolução do seu sucesso. Faz parte da jornada, e está tudo bem. Ao ler essas palavras, talvez queira sentir sua respiração, e quero que a deixe guiá-lo. Inspire fundo... e expire. Você é perfeito e amado, aqui e agora. Você está no caminho certo. Não há mais nenhum lugar para onde ir. Esse é o lugar ideal para começar. Não há nada para se procurar em meio aos pensamentos. As respostas que você busca estão mais perto do que isso.

Em qualquer momento, ou você está pensando, ou está amando. Não dá para pensar e amar ao mesmo tempo. Analisar, justificar, debater, tentar defender um argumento — tudo isso é pensar.

> NÃO HÁ NADA DE ERRADO COM O LUGAR EM QUE VOCÊ ESTÁ. A SOLUÇÃO PARA O QUE QUER QUE ESTEJA ACONTECENDO AGORA É AMAR-SE MAIS. O AMOR É A PORTA DE ENTRADA PARA O "EU REAL", QUE TEM AS RESPOSTAS PARA TUDO.

E está tudo bem. Você está evoluindo (pensando) ou está sendo você mesmo de uma forma mais plena (centrado no seu "eu real"), e os dois estados são positivos. Ou você está em um modo confiante, aproveitando seus ganhos, ou está em modo de treino, criando ganhos. Dos dois lados, é uma vitória.

O caminho para a mudança

O empoderamento e a liberdade começam quando você percebe que não tem problema sentir-se temeroso, culpado ou ansioso. Você pode sentir suas emoções do jeito que elas são, e aceitar cada uma delas. Pode se apoderar delas. Em vez de comparar sua vida com algum ideal de como ela devia ser, aceite sua vida como ela é.

Todos começamos em lugares distintos. Não é uma competição para chegar mais rápido a algum lugar. Se você teve uma infância marcada pela pobreza, não é razoável esperar ficar rico imediatamente. Se foi criado para se odiar, como pode esperar ter relacionamentos perfeitamente saudáveis? Você está fazendo o melhor que pode, e a autoaceitação começa quando percebe que qualquer um na sua posição reagiria do mesmo modo que está reagindo agora.

Tudo bem ter suas crenças. Tudo bem ter suas reações à vida. Tudo bem ser você, assim como você é, nesse momento. Tentar incansavelmente mudar ou então melhorar é um comportamento autocrítico e contraproducente; isso o mantém preso no mesmo lugar.

Às vezes, quando as pessoas tentam nos consertar ou dar uma sugestão que não pedimos, isso nos faz sentir como se não estivéssemos fazendo direito ou como se não fôssemos autossuficientes. As palavras são bem-intencionadas, mas não funcionam. Em vez disso, você deve começar assegurando a si mesmo de que, aqui e agora, você está indo bem. Porque você está. Então, quando estiver inseguro, pergunte a si

> O MELHOR DESENVOLVIMENTO PESSOAL COMEÇA AO PERCEBERMOS QUE JÁ SOMOS PESSOALMENTE DESENVOLVIDOS.

mesmo: "Estou me amando e sendo eu mesmo, ou estou tentando me melhorar?".

Esta é a verdade: você já é desenvolvido pessoalmente. Sua tarefa é olhar mais fundo e revelar sua vida ideal, e não criar qualquer coisa ou mudar tudo radicalmente. É nisso que vamos nos concentrar neste curso.

Parte 2

NÃO TEM NADA DE ERRADO COM VOCÊ

Como usar este curso

A essência do curso é limpar sua mente para que consiga ser você mesmo.

Agora que você entende os fundamentos do treinamento, vamos começar a executar o nosso curso. São quatro sessões feitas ao longo de quatro semanas, com algumas tarefas a serem feitas entre elas. Quatro semanas para se sentir consistentemente melhor. Você está pronto?

Semana 1

Foque em onde você está e no que está acontecendo nesse momento. Imagine uma estrada. Às vezes, é como se estivéssemos parados no trânsito dos pensamentos em excesso, sem controle ou conhecimento do que fazer. Esse é o plano mental. Ele é barulhento, tem muita conversa e, como uma esteira, não leva a lugar nenhum. Aqui vamos entregar todos os nossos problemas para a lista do poder supremo, e então vamos aprender a limpar a mente (o "engarrafamento" de pensamentos) por meio da meditação de ponto focal. A partir disso, vamos aprender algumas técnicas úteis para lidar com emoções estressantes ou avassaladoras, quando elas ocorrerem.

Semana 2

Quando está preso em um trânsito que anda bem devagar, você não tem muitas opções. Ou fica bem com aquilo ou se irrita. Na semana 2, você vai descobrir um modo de se adaptar ao lugar em que está. A lista "O que há de bom em..." e o processo de libertação são modos únicos de encontrar liberdade emocional, pois revelam o lado positivo de qualquer situação desafiadora. Depois você vai passar a apreciar todas as coisas boas na sua vida e a explorar a evocação da confiança, uma técnica poderosa que vai ajudá-lo a desenvolver e praticar um estado de confiança em todas as áreas da sua vida.

Semana 3

Essa parte do curso visa recuperar o poder nos seus relacionamentos e desenvolver amor-próprio e autoaceitação. Você vai aprender a "apertar" o botão mágico para recuperar instantaneamente seu poder, sempre que estiver abrindo mão dele. Com base nisso, você vai conseguir se conectar com a pessoa dentro de você, seu "eu real", por meio do gentil — mas profundo — processo de autopercepção. O gatilho de relacionamento leva esse amor-próprio a um nível mais profundo, e é um jeito revolucionário de lidar com a dor e a impotência que podem surgir nos relacionamentos.

Semana 4

A essa altura, você estará com a mente lúcida e se sentindo bem, elevado a um estado de "super-rodovia" e pronto para aprender a viver nesse estado de confiança. Você vai começar a se sentir confortável morando acima das nuvens do pensamento, onde estará aberto a um fluxo irrestrito de ideias, que é a linguagem do seu "eu real". Ali, não há atrito e nada pesa. Trata-se de ser livre para ser você mesmo em todas as áreas da vida. E como sustentar esse estado de espírito? Vou compartilhar as âncoras para você se libertar (declarações), o processo de retrospectiva e vou ensiná-lo a criar um painel de estrelas, para que possa se manter no controle e viver sua vida a partir desse estado de empoderamento.

> Técnicas e ferramentas estarão marcadas com o símbolo de uma lâmpada 💡 e serão introduzidas ao longo do curso. O ideal seria fazer, pelo menos, três práticas por dia, mas faça da melhor forma para você. No final do curso, na página 150, você pode encontrar uma tabela com todas as ferramentas e as práticas propostas, e pode usá-la para criar seu próprio plano diário.

A prática disciplinada traz liberdade

Para muitas pessoas, qualquer tipo de rotina disciplinada parece ir na contramão da liberdade pessoal. Mas, ao longo do curso, o comprometimento e o acompanhamento abrirão caminho para a liberdade dos seus pensamentos. Provavelmente, liberdade e disciplina também soam como opostos para seu falatório interno, que, fique atento, vai resistir a essas práticas. O fluxo de pensamentos tenta afastá-lo de qualquer coisa que possa beneficiá-lo (como ir à academia, fazer meditação ou começar um novo hobby que melhorará sua experiência de vida). Ele é o primeiro obstáculo à sua liberdade e ao seu "eu real". Essas práticas vão varrer esses pensamentos para que você possa se sentir bem, mas é preciso fazê-las para ver os resultados.

> DÁ PARA VER A PORTA, MAS NÃO O QUE ESTÁ ALÉM DELA, ATÉ QUE VOCÊ TERMINE AS PRÁTICAS. A LIBERDADE QUE VOCÊ ESTÁ BUSCANDO É VER-SE LIVRE DO FALATÓRIO INTERNO.

Comece com a semana 1, leia todo o capítulo e dê-se algum tempo para conseguir praticar as ferramentas dessa semana. Se preferir acelerar, espere um ou dois dias em vez de uma semana, mas tenha certeza de que deixou as ideias se acomodarem. Você vai aprender as técnicas em uma ordem específica por um motivo, então sugiro que siga o curso na ordem em que foi escrito; depois — assim que estiver mais familiarizado com as técnicas — pode escolher aquelas que forem melhores para você.

É provável que novas ideias surjam na sua mente conforme o curso avança porque, à medida que você limpa a mente das nuvens de pensamento, novas ideias e intuições terão espaço para brilhar. Isso é a clareza: saber exatamente o que fazer e em que momento, e ficar cheio de ideias novas e edificantes para analisar as situações da sua vida atual.

Muitas das ideias foram desenvolvidas por mim, outras são minha própria abordagem das técnicas clássicas de autoajuda, muitas vezes mal interpretadas, que tantas pessoas ensinaram ao longo do tempo (como fazer meditação ou fazer listas de coisas pelas quais você é grato). Contudo, todas as práticas que compartilho são modos de se sentir melhor, independente do que aconteça, bem onde você está. Neste curso, vamos olhar menos para o futuro e tentar encontrar um modo de mudar sua perspectiva para que você desfrute o agora. E, quando fizer isso, você vai descobrir como sua vida é boa.

Semana 1

CONECTE, SINTONIZE E FOQUE

Deixe de lado o que o incomoda e limpe sua mente.

Nessa semana, você aprenderá a definir suas intenções para o curso, jogando fora toda a "tralha" da sua mente e entregando-a ao poder supremo. Assim que isso estiver fora do caminho, eu o ensinarei uma nova meditação, que chamo de meditação de ponto focal. Use a semana que começa agora para praticar essas novas técnicas diariamente. Por fim, vou compartilhar algumas das minhas ferramentas mais eficientes para superar a sobrecarga emocional nos momentos em que estiver se sentindo péssimo e nada mais parecer funcionar. Só as use quando precisar — quando estiver se sentindo tão tenso, chateado e desequilibrado, a ponto de necessitar de calma instantânea. Você pode experimentar cada uma dessas técnicas e descobrir qual é sua preferida.

Todos precisamos nos expressar e ser ouvidos. Embora eu entenda e ensine que parte disso depende da nossa interpretação, isso ainda precisa ser reconhecido primeiro. Trabalhando cara a cara com as pessoas, descobri que elas tendem a partilhar qualquer área da vida que desejem. Elas explicam como estão se sentindo acerca de relacionamentos românticos ou familiares, coisas que querem mudar ou melhorar. Desafios profissionais, problemas financeiros, imagem corporal, saúde, sonhos ou ambições que desejam realizar. Temores em relação ao mundo, níveis de estresse, pensamentos em excesso e ansiedade.

Não compartilhar suas histórias dá poder a elas, e você fica preso nelas. Explicar o que está acontecendo na sua vida é um primeiro passo essencial, embora eu recomende limitar o mergulho no passado. Você pode, é claro, retornar a experiências passadas à medida que avança, mas seu foco deve ser mover-se para um espaço mais claro da mente no momento presente, não ficando preso nas tralhas do passado.

Nessa primeira semana, você vai explicar onde você está e começar a limpar sua mente, entregando seus problemas e iniciando uma prática de meditação. Você vai construir uma base e se preparar para o trabalho mais profundo que virá.

> Técnicas e ferramentas estão marcadas com o ícone da lâmpada (💡) e são introduzidas ao longo do curso. O ideal é fazer, pelo menos, três práticas por dia, mas faça como funcionar melhor para você. No final do curso, na página 150, você pode encontrar uma tabela com todas as ferramentas e práticas propostas, podendo usá-la para criar seu próprio plano diário.

Entregue seus problemas e foque no seu trabalho
💡 Lista do poder supremo

Nesse ponto, pensar nos seus problemas e no que não está funcionando para você pode fazê-lo se sentir um pouco sobrecarregado, então gostaria de começar fazendo um processo simples que envolve entregar as dificuldades a um poder supremo. É hora de jogar fora suas preocupações, tirar todas as histórias e todos os dramas da sua mente e entregar essa bagunça àquilo que você vê como seu poder supremo.

Pegue um pedaço de papel ou um caderno e desenhe uma linha do lado esquerdo da página para criar uma margem, e depois uma linha na parte de cima, a uns cinco centímetros do topo, criando uma margem ali também. No canto superior esquerdo, no pequeno espaço entre as linhas, escreva "eu". No topo do lado direito, escreva "poder supremo". Também é possível escrever outras palavras no lado direito, como "vida", "universo", "amor divino", "criador" ou "Deus", qualquer nome ou palavra que descreva aquela fonte de poder que flui através de você e de tudo na vida.

Essa lista também é conhecida como lista do "eu real" (já escrevi sobre ela no meu livro anterior, *Primeiros socorros emocionais: Como se sentir melhor em momentos de crise*). Algumas pessoas gostam de escrever "eu real" em vez de "poder supremo".

Poder supremo
Agora, sob o cabeçalho "poder supremo", escreva todas as coisas na sua mente na forma de pedidos. Por exemplo:

- Acerte meu relacionamento;
- Me centralize no meu "eu real";
- Me mostre o próximo passo a ser dado;
- Me mostre a decisão certa a ser tomada;
- Me mostre meu propósito de vida.

Você está jogando esses pedidos na direção do poder supremo. São questões que estão no seu caminho e você não precisa responder nesse instante. É quase como se você estivesse dizendo para a vida: "Resolva isso para mim". Esses dilemas bloqueiam todas as soluções que você busca. Todos esses pensamentos são como flocos em um globo de neve, eles bloqueiam sua visão. Continue colocando qualquer coisa que esteja na sua mente no lado direito.

Colocar a história no papel pode trazer clareza a uma mente ocupada ou sobrecarregada. Jogue todo o falatório interno no lado direito. Esse processo limpa sua mente. Ele passa por cima de todas as coisas que você está tentando resolver, mas não consegue — porque a maior utilidade da mente não é resolver problemas. Pensar atrapalha as soluções.

Esse exercício faz você reconhecer que existe algo mais sábio do que pensar excessivamente. Há um poder supremo que pode lidar com seus problemas melhor do que sua mente. Trata-se de entregar todos os problemas e os pensamentos desnecessários para essa parte. Não se trata de fazer uma lista de desejos. Mas de jogar todas as questões, entendimentos e anseios no lado direito da página para tirá-los da sua mente, para que você possa desfrutar de sua vida, deixando-o resolver tudo. Essa é uma prática que limpa sua mente.

Mais exemplos da lista do poder supremo

"Mostre-me a verdade sobre essa situação/pessoa": escrever isso do lado direito é um pedido para ver as coisas de forma diferente, para vê-las com clareza e de um ângulo distinto. Se você não se sente bem com uma situação, não consegue vê-la de uma perspectiva acurada, "suprema". Essa é também uma das melhores formas de perdoar alguém. Você está pedindo uma nova perspectiva: a do seu "eu real". Uma nova perspectiva pode levá-lo a ver que não há nada de errado, que tudo está bem — e às vezes isso leva a um "deixar de lado" imediato. Você não precisa pensar nos "comos", apenas coloque-os no lado direito.

"Resolva meu relacionamento": entregue qualquer relacionamento que não esteja funcionando bem ou os que estão funcionando para levá-los a um nível mais alto.

"Traga-me um novo hobby ou interesse dinâmico": com frequência encorajo as pessoas a escreverem isso. Se você não encontrar um interesse externo, algo para ocupar a mente, seu hobby tenderá a ser a preocupação e o drama, porque a mente adora pensar; ela prefere ir a lugares assustadores do que não fazer nada. É por isso que filmes de terror são tão populares, em certo nível, eles excitam a mente.

Ocupar-se com um novo projeto ou hobby nos tira do trânsito de pensamentos, mas você precisa encontrar algo que seja dinâmico e excitante para a mente. Então, lembre-se de acrescentar a palavra dinâmico no seu pedido. Não saia procurando algo excitante; deixe que a vida traga uma ideia para você. Um amigo pode sugerir algo aleatoriamente, ou você pode ver algo on-line e dizer para si mesmo "É isso!".

Uma das minhas clientes de coaching descreveu como estava preocupada com um relacionamento, e como seu principal hobby ou interesse havia se tornado esse relacionamento, o que a outra pessoa estava fazendo e assim por diante. Ela precisava de um hobby para competir com aquele. Então, no lado direito da folha, ela escreveu: "Traga excitação à minha vida", "Traga-me uma paixão e um propósito". Se você está procurando um amor, é a mesma coisa: você precisa de um hobby maior do que a busca por amor. O interesse dinâmico tira sua atenção do problema e do caminho da "super-rodovia", abrindo espaço para novas ideias enquanto a vida o leva até onde você deseja e resolve tudo.

"Ajude-me a ser mais eu": essa é outra ótima coisa para se escrever. Ser você mesmo é, de muitas formas, um dos maiores segredos da vida. A maioria das pessoas busca ser como alguém que considera bem-sucedida. Ao fazer isso, você apenas se vê como alguém de segunda categoria e acaba perdendo seu poder, tendo dificuldade para ficar acima da média. Então, em vez de competir com milhões de pessoas que estão fazendo a mesma coisa, seja você mesmo. Dessa forma, não terá competição, porque ninguém mais pode ser você. Se você se lembrar de todas as pessoas que considera bem-sucedidas — sejam cantores, atores, atletas ou empresários —, vai ver que elas têm algo em comum: estão todas sendo elas mesmas, mais do que competindo para serem elas mesmas. Então, coloque esse pedido no lado direito como um lembrete.

"Cerque-me de apoio": para alguns, esse é um pedido para que pessoas solidárias apareçam na sua vida. Para outros, trata-se de relaxar na crença de seres divinos, como um guia espiritual ou um anjo da guarda. Trata-se de saber que você não precisa fazer tudo sozinho, e escrever isso permite que continue com o lado esquerdo da lista — focar nas suas práticas, nas quais chegaremos em um minuto. Envie anjos para suavizar o dia à sua frente ou até seu destino, se estiver viajando; o que parecer bom para você. Você também pode cercar seus entes queridos, seus amigos ou qualquer um na sua mente de anjos.

"Mantenha os pensamentos afastados e me ancore no 'eu real'": esse pedido é como colocar um porteiro posicionado bem na entrada da sua mente. Vai mantê-lo focado e com a mente lúcida.

Outras coisas que podem ser colocadas na coluna do "poder supremo":

- Resolva todas as situações e abençoe-as com sucesso;
- Me mostre o que fazer;
- Me ajude a ouvir minhas orientações e a segui-las;
- Permita que só os amigos que me amam e me respeitam estejam na minha vida.

Escolha as palavras que achar melhor e continue lançando suas preocupações para o lado direito.

Eu

Agora vá para a margem esquerda, o lado do "eu". Escreva todas as técnicas que deseja fazer deste curso, assim como as práticas diárias que já fazem parte da sua vida. Esse será seu lembrete para fazer as tarefas mais importantes de todas — aquelas técnicas que limpam sua mente e permitem que você seja mais você, aqui e agora. Assim que fizer suas práticas, coloque uma marca ao lado delas.

Nesse estágio do curso, antes de aprender todas as técnicas, recomendo que acrescente suas práticas atuais para limpar a mente do lado esquerdo. Se ainda não tem nenhuma, deixe em branco para acrescentar conforme for aprendendo.

Limpando a mente e deixando o pensamento de lado
💡 Meditação de ponto focal

Agora quero falar sobre meditação, que é uma parte vital do curso, e explicar por que ela está sendo introduzida na primeira semana. Primeiro, você quer clareza. Quer separar-se da sua mente pensante, quer deixá-la em seu lugar de criada, não de mestre como tem sido. Talvez você já medite regularmente, isso é ótimo — e espero que essa seção proporcione maiores percepções e esclarecimentos sobre como aprofundar sua prática.

Quando está ocupado pensando demais, isso nubla sua confiança. Você não é seu "eu real". Quando se afasta dos seus pensamentos, as nuvens desaparecem, e você se torna mais confiante. Uma definição de confiança pode ser, simplesmente, não pensar. Confiança é o "eu real", aquela parte crível de você que está sempre atrás do falatório interno.

Por mais que o falatório interno queira que você pense e se apresse, primeiro permita que seus pensamentos se acomodem. Imagine um

> A CONFIANÇA É SEU ESTADO NATURAL, COMO O SOL ATRÁS DAS NUVENS DE PENSAMENTO.

globo de neve esperando os flocos se assentarem — com um pouco de paciência, a visão clareia. Isso é a meditação. A maior parte do desenvolvimento pessoal tem relação com a reorganização dos pensamentos, que é como tentar reorganizar os flocos de neve em um globo. As coisas mudam, mas nada muda.

Com a meditação de ponto focal, você permitirá que seus pensamentos se assentem ao levar sua atenção para outra coisa. É como abrir um canal livre de pensamento. Imagine uma tubulação sem detritos, pela qual a água flui livremente. Quando seus pensamentos estão fora do caminho, as ideias do "eu real" fluem. Não há nenhuma daquelas opiniões, julgamentos, preocupações ou dramas, só um fluxo de quem você realmente é, que aceita tudo e permite a vida ser como é. Esse é o poder que todos procuram. A meditação o integra ao seu "eu real" e resolve tudo. Tudo isso porque o "eu real" não pensa por meio de pensamentos: ele é a fonte de ideias por trás da tempestade de pensamentos.

Algumas pessoas discutem comigo nesse ponto, dizendo: "Eu não preciso meditar". Elas querem seguir direto para os exercícios por falta de tempo para meditar (ouço isso até de pessoas que têm muito tempo livre). A questão é que antes precisamos construir a fundação de uma casa para depois erguer as paredes e colocar um telhado. Esse estágio é crucial.

Outras pessoas pensam que a meditação vai atrasá-los; imaginam todos aqueles mentores espirituais, com quem não conseguem se comparar, simplesmente sentados ali, pedindo para todos ficarem imóveis — e então associam meditação com uma vida mundana e lenta. Isso não é verdade; a meditação remove o que está no caminho da sua diversão e da sua animação. Ela o conecta com sua paixão. Revela seu "eu real". O "eu real" de algumas pessoas, como aqueles professores que vêm à nossa mente, pode viver de modo diferente do que você vive — com mais simplicidade e calma, enquanto outros viajam para todo lado, vivem vidas agitadas e mais animadas. Todos somos diferentes, e a meditação terá efeitos distintos dependendo de quem você é, mas sempre permite que seu "eu real" dê um passo adiante. A meditação não vai deixá-lo parecido com outras pessoas: ela o tornará você — o verdadeiro você.

Apesar do que já deve ter lido, dez ou quinze minutos por dia não são o suficiente para acalmar a mente, em especial quando você é novo nisso. É como parar de sacudir um globo de neve por três segundos e se perguntar por que os flocos ainda não assentaram. Na lista do poder supremo, você poderia ter escrito no lado direito: "Me mostre quanto tempo devo meditar" e ver o que viria até você. Depois de fazer isso, em geral, as pessoas têm uma ideia do tempo necessário — trinta minutos, 45 minutos, ou mais tempo. E, sim, às vezes são dez ou quinze minutos, mas raramente são. Na maioria dos casos isso é otimismo demais. Se não tem certeza de quanto tempo deve meditar, comece com 25 minutos.

> TUDO QUE VOCÊ QUER ESTÁ ALÉM DO FALATÓRIO INTERNO.

Quando meditar

O melhor momento para meditar é pela manhã, logo depois de despertar. Nesse momento, você pode ser tomado pela carga do falatório interno, que o faz rodar em círculos sem parar. Ou pode sair desse looping e entrar no seu "eu real" — e é por isso que você medita.

Meditar quer dizer focar-se em algo que não seja o pensamento, algo que mantenha sua atenção longe do falatório interno. Estou falando de um foco que não o estimule intelectualmente, que não o faça pensar. Não importa o que seja.

E você pode descobrir que seu ponto focal não é meditar sentado, mas esse costuma ser um bom ponto de partida para a maioria. Você pode descobrir que fazer faxina ou cuidar do jardim pode ser o ponto focal da sua prática de meditação. Ou levantar pesos na academia. Nesses casos, as ações que você realiza se tornam seu ponto focal — um som ou sua respiração —, que o segura como uma âncora.

> A MENTE DO "EU INFERIOR" SE MANTÉM NO PODER PENSANDO O DIA TODO.

A mente quer ser estimulada o tempo todo. Então, ela vai tentar atrapalhar quando você se concentrar em algo que a prive de estímulo. Ela se acalmará depois de um tempo. Não desista. É por isso que a meditação é tão difícil para as pessoas — concentrar-se em algo que tira seu foco dos pensamentos é algo que a mente do "eu inferior" não quer que você faça, porque os pensamentos a mantém ativa e no comando.

💡 Como fazer meditação de ponto focal

1. Fique em uma posição confortável, na qual possa relaxar, mas permanecer acordado. Sente-se em uma cadeira confortável que mantenha sua coluna ereta. Ou sente-se no chão, de pernas cruzadas, com as costas apoiadas na parede. Coloque um timer com a quantidade de tempo que quer praticar.

2. Coloque um som consistente — o barulho de uma cachoeira, do vento, da vida selvagem. Sons da natureza funcionam bem porque evocam um estado de "eu real"/fluxo. Ou sente-se em silêncio, colocando sua atenção em algum ruído constante e consistente, como o som do ventilador. Algumas músicas são criadas a partir desse estado de fluxo, mas assegure-se de que tenha uma nota ou um ritmo estável no qual você possa se focar e que não seja muito complicado, o que pode acabar levando-o a analisar a música em si. Costumo usar uma música que tenha um zumbido constante — um acorde que toca ao longo dela no qual eu possa me concentrar, mas a música é menos importante para mim do que a nota constante nela.
3. Com os olhos fechados, veja um ponto de luz com a mente, como uma estrela ou um diamante, ou alguma outra imagem que tenha um apelo para você. Assegure-se de que a imagem não o fará pensar, então escolha uma simples. Por exemplo, se estiver se sentindo ansioso ou se algo está tornando a meditação um desafio, imagine o mastro de um navio. Veja com o olho da mente o mastro de um navio que navega em um mar tempestuoso, e fixe-se nele. Nesse momento, as "ondas" do pensamento não podem tocá-lo. Continue fixo no mastro. Inspire com a imagem do mastro fixa na mente e agarre-se a ela como se fosse importante. Continue voltando ao mastro. Ou a imagem "foco" pode ser uma âncora — imagine uma imensa âncora de navio, de metal sólido, muito maior do que você. Ela representa estabilidade e firmeza.

4. Foque na imagem e sinta o som se conectar a ela, como se o som emanasse dela. Coloque toda sua atenção na imagem, doe-se a ela, faça com que ela seja tudo nesse momento de meditação.

5. Respire na imagem. Dê sua total atenção a ela, sua respiração e os sons que puder ouvir. Deixe seus pensamentos fazerem o que quiserem, mas esteja ciente de que eles não são você e não têm nada a ver com você. Permita que a tempestade de neve aconteça enquanto se afasta dos seus pensamentos, concentrando-se no som. É normal que os pensamentos tentem afastá-lo do seu foco — tanto sobre coisas interessantes quanto sobre coisas irritantes. A chave é continuar voltando o foco para sua respiração, para o som e a imagem.

6. Siga em frente. Dê sua completa atenção ao ponto focal ao qual está ligado (seja sua respiração, som, imagem ou ponto de luz no olho da sua mente). Dê-lhe completa autoridade. Faça isso como se fosse essencial, como se houvesse uma recompensa no fim.

7. Cada vez que sua mente vagar para a tempestade de neve dos pensamentos, volte à respiração, respirando com o som e usando-o para manter seu foco. A única coisa que importa é o ponto focal no qual você escolheu se concentrar. Ele tem tudo que você quer. Você pode confiar completamente nele. Dê mais autoridade ao ponto focal do que ao seu falatório mental. Imagine que está no núcleo de um átomo, e todos os "elétrons" dos pensamentos giram ao seu redor. Você permanece centrado, ancorado

com a respiração e/ou com a imagem na sua mente. Em determinado ponto, você vai deixar de focar no som, na imagem ou na respiração para ser o som, a imagem ou a respiração — mas isso não é tarefa sua. Isso vai acontecer quando tiver que acontecer, e leva mais tempo para uns do que para outros.

8. Quando o timer apitar, respire fundo algumas vezes, mexa levemente seu corpo e abra os olhos.

Ancorado no seu "eu real"

Algumas pessoas se sentam para meditar e batalham com seus pensamentos na maior parte do tempo — quando não o tempo todo, no começo. Está tudo bem, e vai continuar assim quanto for necessário.

Você foi treinado para pensar, e a mente quer ir para os pensamentos. Às vezes, isso exige um foco real; às vezes, não. Manter-se ancorado na meditação é difícil, mas, com prática, vai se tornar mais fácil.

Recomendo fazer a meditação de ponto focal diariamente. Assim como quando começa a se exercitar, você não vai conseguir ver mudanças logo nas primeiras semanas ou então nos primeiros meses. Pode parecer inútil no começo, tornando difícil continuar o hábito, mas continue. Isso exige prática. A meditação é um processo de se soltar da mente do "eu inferior". Ao se focar, o processo toma conta, e o falatório interno se separa de você. Esse não é um processo que dá para fazer por conta própria, mas se você se colocar na posição, no foco, ele vai acontecer em algum momento.

> Observação: se você é alguém que pensa demais ou sente emoções com muita intensidade, a meditação será transformadora. Como está acostumado a pensar demais, não fique surpreso se você resistir — achando a meditação incrivelmente entediante —, esse é mais um motivo para continuar. Essa resistência, o pensar demais, é precisamente o que está no seu caminho e aquilo que a meditação vai ajudar a tirar da frente. Mas a meditação exige prática, então não desista se não conseguir resultados imediatos.

Torne a meditação mais fácil

Se está achando difícil começar a meditar, você pode tentar fazer um pouco de exercício ou alongamento antes de começar. Isso pode ser uma preparação efetiva para a meditação, em especial naqueles momentos em que sua mente parece cheia de flocos de neve para tentar se concentrar. Os exercícios físicos podem se tornar a âncora que o mantém centrado e sem pensamentos. Além disso, antes de se sentar para meditar, você pode achar este exercício útil:

1. Sente-se com os olhos fechados e, mentalmente, veja uma bolha transparente se formando ao seu redor.
2. Infle essa bolha.
3. À medida que a bolha se expande, permita que ela afaste seus pensamentos, de modo que só você fique dentro dela.

4. Visualize a transparência da bolha. Todo o barulho e todos os pensamentos estão do lado de fora, que você consegue ver; do lado de dentro, há apenas o silêncio absoluto e a tranquilidade — o volume está no mudo. Infle a bolha até um tamanho confortável; pode ser pequena como uma cápsula ou tão grande quanto uma casa. Assim que a bolha estiver do tamanho adequado para você, medite dentro desse espaço tranquilo.

Assim que estiver familiarizado com a meditação, a prática em si criará um campo de força ou uma aura ao seu redor, não sendo mais necessário "ativá-lo" por meio desse exercício.

Prática sugerida para os próximos sete dias

Escreva "meditação diária" no lado esquerdo da sua lista do poder supremo como se fosse um lembrete para si mesmo e, entre parênteses, coloque durante quanto tempo pretende meditar. Quando fizer sua meditação, marque o item com um tique. Ao longo dessa semana, comece o dia com a meditação de ponto focal e lembre-se de anotar tudo o que surgir na sua mente durante o processo no lado direito da lista.

Assim que aprender essas técnicas, é uma boa ideia praticá-las diariamente. A manhã é o melhor momento para isso, porque é basicamente quando você começa a se preparar para o dia que está por vir. Mas se essa não for uma opção, as pessoas também conseguem sucesso meditando no final do dia. Não é como ir à academia, que exige dias de descanso; você pode meditar todos os dias, tanto nos dias úteis quanto nos finais de semana. Use a primeira semana para pegar prática na meditação de ponto focal e na lista do poder supremo, preparando-se para o restante do curso.

Agora, vou compartilhar algumas coisas que você pode fazer quando estiver enfrentando emoções desafiadoras.

💡 Ferramentas e práticas para sobrecarga emocional

Quando está no meio de uma tempestade de pensamentos excessivos e de emoções desafiadoras, é provável que não sinta vontade de escrever e ache quase impossível meditar. Na verdade, talvez você não tenha vontade de fazer nada, mas estas práticas tranquilizantes podem ajudar.

Quando entrar no tipo de pensamento excessivo que o deixa com o ânimo muito baixo, comece permitindo-se ter o momento ruim que está tendo. Está tudo bem, isso é um treino. Nada deu errado. Você pode vivenciar o treino enquanto aplica as práticas de gentileza a seguir — a chave é ser gentil consigo. Tentar consertar ou mudar não é amar. Tentar ser positivo ou sentir-se bem nesse momento é algo bem-intencionado, mas pode ser abusivo e árduo, é como dizer que você não está indo bem o bastante. Onde você está é exatamente onde deveria estar, e tudo ficará bem.

TUDO BEM NÃO SE SENTIR TÃO BEM. TUDO BEM SE SENTIR COMO VOCÊ SE SENTE. DEIXE-SE SER. DEIXE-SE PENSAR DEMAIS, E AME-SE MESMO ASSIM.

Quando essas emoções desafiadoras surgirem, você pode fazer estes simples exercícios. Veja qual o agrada mais. Coloque, se quiser, uma música relaxante e comece. Não faça essas técnicas enquanto estiver dirigindo ou operando equipamentos. É melhor realizá-las quando estiver em casa, já que elas exigem que você esteja sentado ou deitado.

1. Concentre-se na sua respiração

A respiração está sempre com você e merece receber mais atenção do que seu pensamento. Sua reação imediata a essa declaração pode ser pensar que não há nada na respiração, enquanto os pensamentos têm muita informação. A verdade é o oposto do que você aprendeu: a respiração lhe dá acesso à orientação do seu "eu real", e os pensamentos são, em grande parte, apenas vento. É correto dizer que você é sua respiração muito mais do que seus pensamentos. Os pensamentos não são quem você é e não o levam a lugar algum. São histórias ficcionais que nublam seu "eu real". Há muita sabedoria na respiração — ou melhor, a respiração é capaz de levar você a uma grande sabedoria, que nasce do silêncio. Não dá para encontrar respostas nas tempestades da mente, então, em vez disso, vá para a respiração.

1. Concentre-se na respiração, inspirando pelo nariz e soltando o ar pela boca ou pelo nariz.
2. Desacelere sua respiração e tenha certeza de que está estável e consistente.
3. Segure o ar ao inspirar e expirar. Inspire contando até cinco, expire contando até cinco. Você não precisa ir para os pensamentos agora. Tudo de que precisa é respirar. Continue. Quando se acostumar, você pode aumentar o tempo, contando até seis ou oito para inspirar e expirar, por exemplo. Veja o que funciona para você.

Dar importância à respiração e concentrar-se nela cria espaço para que novas ideias e percepções surjam, à medida que você é tirado da tempestade e empurrado para a luz do "eu real". Não pense demais, simplesmente respire.

2. Concentre-se no corpo

Sentimentos de pânico podem dar uma sensação quase extracorpórea de estar desconectado de si mesmo. Para voltar ao presente, mergulhe as mãos em água morna e massageie a água pelas suas mãos e pelos seus antebraços. Isso tira sua atenção dos pensamentos e a traz para seu corpo. Um banho morno também funciona. Atividades físicas são outra opção. Como alternativa, utilize o exercício a seguir, no qual você envia amor para cada parte do corpo, dos dedos do pé ao alto da cabeça.

1. Deite-se em algum lugar confortável e feche os olhos. Comece se concentrando em todo seu corpo, sentindo gratidão enquanto faz isso.
2. Depois, leve sua mente aos dedos do pé. Envie amor para essa área, dizendo em voz alta ou na sua cabeça: "Amo os dedos do meu pé, amo a sola do meu pé, amo meus calcanhares, amo o peito do meu pé, amo meus tornozelos...".
3. Siga todo o caminho até o alto da sua cabeça. Enquanto faz isso, imagine um raio de luz branco ou com as cores do arco-íris se movendo pelo seu corpo enquanto se concentra, passando pelas partes que você ama.
4. Imagine os raios de luz embelezando-o e energizando-o até o nível celular durante todo o percurso, dos pés à cabeça.

Se você se distrair, repita todo o processo (começando com os dedos do pé) e siga em frente até completar o exercício.
5. Inspire e expire fundo e abra os olhos.

3. Tire uma soneca poderosa

Se nada funcionar, programe o timer para dez ou quinze minutos e tire uma soneca, se você puder. Seu falatório mental pode resistir dizendo: "Que desperdício de tempo". Mas tire a soneca mesmo assim, porque esse é um jeito poderoso de "reiniciar" seu ânimo. Talvez você queira continuar dormindo quando o timer apitar depois dos dez ou quinze minutos, então reprograme-o para mais dez minutos. No entanto, é melhor evitar dormir por muito mais tempo, já que um sono mais profundo pode deixá-lo grogue. Com sonecas curtas e poderosas, você se sentirá desperto, energizado e pronto para o restante do seu dia.

Siga o fluxo das emoções
💡 Flutuador de corredeiras

O processo a seguir é útil se estiver se sentindo ansioso, sobrecarregado ou se não consegue dormir, e funciona particularmente bem se estiver tendo emoções e pensamentos excessivos, aquele tipo de estado de espírito em que você sente a ansiedade no plexo solar ou na barriga. Talvez você esteja deitado, desperto, e seus pensamentos estejam rodando na cabeça. Muitas pessoas me dizem que a prática do "flutuador de corredeiras" as ajuda a dormir.

Com frequência, a ansiedade ocorre quando você se coloca contra as ondas de ansiedade que chegam e tenta se livrar delas ou impedi-las de chegar. Você pode passar horas girando nesse turbilhão emocional ou ficar deitado sem dormir tentando não pensar e não sentir, mas é como lutar contra o fluxo de onde você está, ainda que seja algo bem-intencionado. Quanto mais lutar contra pensamentos e sentimentos, mais eles virão até você, como ondas (aquilo a que você resiste, persiste). Mas deixe-se ser você — está tudo bem e é compreensível fazer isso, se é o que você está fazendo agora.

> **ÀS VEZES VOCÊ NÃO TEM VONTADE DE ESCREVER, LER OU QUALQUER OUTRA COISA, ENTÃO PEGUE UM TRAVESSEIRO E RELAXE NOS PENSAMENTOS E NOS SENTIMENTOS.**

Uma vez que você está envolvido pela emoção, não dá para simplesmente "sentir-se bem", então suas opções são relaxar e flutuar, ou lutar. Qualquer resistência significa lutar contra si mesmo, então o melhor é seguir flutuando até encontrar paz e silêncio.

💡 **Aplicando o flutuador de corredeiras**

1. Pegue um travesseiro e segure-o contra seu plexo solar, ou sua barriga, ou qualquer área em que esteja sentindo essa reação emocional. Apenas de segurar o travesseiro, você sentirá alguma calma.
2. Imagine que o travesseiro é uma boia — algo que o ajuda a flutuar na água, como um colete salva-vidas.
3. Sinta as emoções chegando e segure a boia. Saiba que você ficará bem porque ela o manterá em segurança. O travesseiro funciona como uma boia, assim você sabe que ficará bem se deixar a onda de emoções tomar conta de você.

4. Veja a si mesmo segurando-a, enquanto as ondas da tempestade continuam chegando. Deixe-se ir com a boia pela tempestade ou pelas emoções negativas, sabendo que está em segurança.
5. Relaxe em seus sentimentos. Segure a boia e siga o fluxo. Não importa quão grandes sejam as ondas, você tem a boia. Está livre para relaxar na correnteza. Não importa quão violenta seja, você ficará bem. Segure a boia e saiba que está em segurança. Deixe as ondas levarem você.
6. Não tente sair desses sentimentos muito rápido — essa não é sua tarefa. Talvez haja algo neles para você. Fique com eles. Mergulhe fundo neles. Encare as ondas, segurando a boia.
7. Lembre de respirar devagar e profundamente durante esse processo.
8. Repita sem parar: "Eu me amo por sentir (insônia, medo, ansiedade, ciúmes, o que quer que seja)". Esqueça que isso parece estranho e apenas repita as palavras. Afinal, você não "ama" nada disso, pelo contrário. Essas palavras apenas representam a vontade de ir com o fluxo do que quer que você esteja sentindo. Repita essa frase sem parar, imaginando que a correnteza o leva e que você está relaxando o máximo que pode.
9. Se estiver na cama e não conseguir dormir, feche os olhos, segure a boia e repita essa frase, imaginando que é levado pela correnteza, sabendo que está em segurança. Isso o ajudará a adormecer, e lembre-se de que não se trata de mudar seus pensamentos ou seus sentimentos, apenas

de relaxar nos pensamentos e nos sentimentos em que você se encontra.

Seja gentil consigo, como você seria com um amigo que ama. Aceite que está tudo bem com o que está acontecendo agora, incluindo as emoções. Diga em voz alta ou na sua cabeça: "Está tudo bem me sentir dessa forma. Obrigado por essa sensação. Não há pressa alguma, se for necessário posso me sentir assim a noite toda".

Também é possível fazer esse processo durante uma viagem de ônibus ou trem, por exemplo. Em vez do travesseiro, você pode segurar um casaco, um suéter ou uma mochila. Feche os olhos, segure a "boia" e faça o processo.

Utilize o pensamento "intruso" a seu favor
💡 Mudança de ícone

Um marinheiro não luta contra o vento, mas usa-o a favor de si. É o que vamos fazer com esta técnica: usar pensamentos intrusos a nosso favor, o que pode ser útil para quem está experimentando pensamentos obsessivos e repetitivos ou não consegue parar de pensar em alguém ou em algo.

Pensamentos intrusos são um problema imenso, e dá para ver isso no fato de que existem milhares de páginas e dezenas de fóruns na internet sobre como conseguir parar de pensar em excesso. Mas é uma luta árdua, porque quanto mais você tenta não ter esses pensamentos, mais você os tem. O problema é que chamar esses pensamentos de "indesejados" ou "negativos" dá poder para eles. Como foi dito anteriormente, quando resistimos, nós perdemos. Tentar fechar a porta na cara desses pensamentos serve apenas para convidá-los ainda mais, e, antes que perceba, você está cercado. Ao ficar obcecado com eles, ao mesmo tempo que tenta se livrar desses pensamentos, mais eles se multiplicam, e o ciclo continua.

E assim sua mente continua voltando aos pensamentos, independentemente do quanto você não quer fazer isso, analisando quem disse o quê e por quê. Ou você começa a ruminar pensamentos de medo, imaginando aquela situação que lhe causa temor. É como se ficasse repassando os assuntos, tentando encontrar uma solução que nunca aparece. As soluções não são encontradas na tempestade de neve do falatório interno.

Primeiro, saiba que o que você está fazendo está certo. É normal. É como a mente trabalha. Nada vai dar errado. Na verdade, todo esse excesso de pensamento é apenas o treino para uma mente mais lúcida que está por vir. Mas agora você encontrará um novo jeito de olhar para isso — um jeito de encarar esses pensamentos "intrusos" que lhe traga liberdade, fazendo-os deixar de ter poder sobre você.

Os benefícios do pensamento obsessivo

Imagine-se fazendo flexões (ou outro exercício) sem saber os ganhos que aquilo lhe traz. Você achará aquilo cansativo e inútil. Se passa horas na academia e pensa que só vai conseguir tensão, e nenhum resultado positivo, é claro que você vai resistir. Mas assim que entende os ganhos — que essa tensão cria algo bom para você —, é possível se animar com cada flexão feita. Na verdade, quanto mais, melhor. Flexões podem exigir esforço, mas aguentaremos felizes essa tensão e faremos os exercícios por causa dos ganhos que teremos.

Na nossa "malhação" mental, os ganhos não são tão fáceis de ver. A maioria das pessoas se concentra apenas na tensão, nem sequer sabe sobre os ganhos. Como resultado, elas lutam contra o treino, e a experiência como um todo se torna horrível. E não há diferença nesses exemplos. Os pensamentos "intrusos" — todos os pensamentos, na verdade — são como pesos de academia: eles causam tensão e ganhos.

O tempo que você fica pensando naquela pessoa ou naquela situação é, na verdade, uma coisa boa. Em vez de ver isso como um pensamento intruso, do qual é preciso se livrar, acolha-o — essa é uma flexão. É assim que você quer vê-lo. E se esses pensamentos não são intrusos/indesejados, mas apenas um haltere no seu caminho? É animador que quanto mais levantamento de peso você faz, maiores serão os ganhos. Então, de certa forma, quanto mais pensamentos, melhor.

E, por mais estranho que isso possa parecer, permita-se pensar na pessoa ou na situação, se já não é isso que você está fazendo. Não estou dizendo para tentar ter pensamentos intrusos. Mas se você já os tem, então siga com eles, e imagine-se fazendo uma flexão com cada um. A flexão é o que chamo de "ícone", ao qual chegaremos em um minuto. Esse é um jeito de ficar quase animado com o excesso de pensamento, agora que você sabe que há um ganho positivo relacionado. Como eu disse, esses pensamentos não são nada indesejados, mas uma oportunidade para fazermos flexões que nos trarão grandes benefícios.

💡 Como mudar de ícone

Enquanto se exercita na academia, você pode ter um lampejo do que está ganhando: pode imaginar os benefícios do levantamento de peso com a melhora do seu corpo, por exemplo. Sim, você sente a tensão, mas esse não é o acontecimento principal, porque você está concentrado nos ganhos. Assim, é possível criar uma imagem que representa os ganhos em vez do treino desafiador — uma imagem mais dinâmica que possa ser usada.

Dá para criar o mesmo foco para seus pensamentos. Eu me refiro a isso como "ícone" porque você usa uma imagem do ganho para se sobrepor aos pensamentos intrusos. Um ícone é uma imagem, uma cena curta, um vídeo de poucos segundos, um gif. Então, procure uma imagem que melhor represente o oposto do pensamento excessivo. Se os ganhos das flexões são músculos torneados e fortes, qual poderia ser o ganho do pensamento? Pode ser vago. Se alguém não foi gentil com você, seu ícone poderia ser ter pessoas amigáveis e interessantes ao seu redor em um ambiente luxuoso — talvez uma festa ou um evento. Isso é o que você usa para sua imagem de poucos segundos ou gif.

A mente gosta de animação, então pense em um ícone vívido. Talvez uma imagem de dinheiro ou de um prêmio por alguma coisa. Pode ser algo atraente, luxuoso e cativante para você. Pode ser a imagem de você na praia, parecendo bem, confiante e levando uma vida incrível.

Não é necessário colocar aquela pessoa ou situação que o deixa para baixo ou que está lhe causando preocupação no seu ícone; em vez disso, escolha algo totalmente novo, o oposto do que ocupa seu pensamento. Se alguém é agressivo com você, e continua pensando nele, crie um ícone no qual esteja cercado de pessoas fortes, atraentes e carinhosas. Se está com receio de perder o emprego, seu ícone pode ser você em um novo e fantástico ambiente de trabalho. Estamos procurando os ganhos nesses pensamentos, e não a tensão. Se sua mente continua voltando para um comentário crítico ou mal-educado, seu ícone pode ser a imagem de alguém agradável dizendo o quanto você é incrível e elogiando-o de alguma maneira específica. Cada vez que essa pessoa, situação ou pensamento irritante vier à mente, não lute contra o pensamento, simplesmente sobreponha-o com o ícone que você criou.

Aproveite o pensamento excessivo

Cada vez que pensar naquela pessoa ou naquela situação na qual não quer pensar, apresse-se para "sobrepor" a imagem. Assim como quando faz flexões, você vê uma imagem "piscando" com os ganhos, faça isso deliberadamente nessa circunstância também: faça seu ícone "piscar". Não se trata de tentar não ter pensamentos intrusos, mas de sobrepor a imagem dos ganhos. Diga a si mesmo que receberá uma recompensa se passar tempo suficiente se concentrando na nova imagem ou no novo ícone. Você pode até imaginar o gif de alguém ganhando um pote de ouro, de moedas caindo de um caça-níqueis ou uma cena tão abundante quanto essas. Quanto mais você usa seu ícone, mais real ele se torna para você, ao mesmo tempo que ganha mais vivacidade do que o pensamento repetitivo ou a preocupação.

A mudança de ícone não trata de negar o que aconteceu com você, mas de impedir que pensamentos desagradáveis se repitam na sua mente, substituindo-os por algo mais verdadeiro. Em outras palavras, você começa a ver as situações que acontecem na sua vida não como problemas, mas como treinos com benefícios. É um jeito incrível de parar de pensar naquela pessoa ou situação que você quer esquecer totalmente, para que sua mente possa levá-lo até sua nova vida.

> CONTINUE FAZENDO FLEXÕES. NÃO SE TRATA DE PARAR DE PENSAR; OS PENSAMENTOS SÃO SEUS AMIGOS. ELES ESTÃO FAZENDO VOCÊ EVOLUIR. ELES ESTÃO CRIANDO SEUS SONHOS. ENTÃO, CONTINUE COM AS FLEXÕES E SOBREPONHA A IMAGEM.

Como lidar com a preocupação com outras pessoas

Toda vez que um pensamento preocupante sobre outra pessoa surgir, imagine um padre, ajudantes ou guias indo até ela e cercando-a — e o "ganho" da situação acontecendo. Se continuar pensando nas mesmas coisas, pergunte-se: e se isso for necessário para obter algum resultado específico para ela, como quando levantamos peso para que nossos braços fiquem maiores? Então, vá em frente — pensamentos preocupados sobre essa pessoa criam pensamentos de poder sobre ela. Assim como flexões são benéficas e necessárias para termos melhorias, e se esses pensamentos também forem? Em outras palavras, não tente se livrar do seu treino rápido demais. Siga com ele.

Quanto mais você usa a mudança de ícone, mais natural e automático isso se torna. Você quase vai ansiar pelos pensamentos que, anteriormente, eram indesejados, sabendo que são flexões que contêm um presente ou um ganho para você. Depois de um pouco de prática, o processo se tornará automático, e você estará mais aberto aos pensamentos intrusos, o que quer dizer que não ficará tão envolvido neles. Nesse ponto, não terá que fazer esse processo muitas vezes, somente quando precisar.

Assim que se acostumar a usar a mudança de ícone e isso se tornar quase automático, talvez você queira usar o neutralizador de pensamentos descrito abaixo para manter sua mente segura e limpa dos pensamentos excessivos em geral, como se fosse uma manutenção. Essas técnicas oferecem abordagens distintas, mas ao experimentá-las, você descobrirá qual funciona melhor em cada situação.

Limpe seu entorno de pensamentos indesejados
💡 Neutralizador de pensamentos

No neutralizador de pensamentos, você diz "obrigado" em voz alta, baixinho ou mentalmente, e usa isso como um spray que limpa o espaço ou um spray cheio de amor. Use-o quando você pensar em coisas nas quais não quer pensar ou quando os pensamentos derem voltas e ameaçarem aparecer de repente.

Cada vez que um pensamento indesejado se aproxima — ou seja, quando a pessoa ou a situação intrusiva vem à mente — diga a ele "obrigado". Com os olhos da mente, mire o spray nos pensamentos ou na imagem e diga mentalmente "obrigado" a cada borrifada. Apenas repita "obrigado" mentalmente para a imagem que aparecer, seja um assunto desagradável, uma conversa inventada ou uma situação com aquela pessoa na qual você não quer pensar. O pensamento chega, você repete "obrigado" e se imagina apontando o spray para qualquer assunto que seja, uma pessoa, um lugar ou uma coisa. Se aparecer de novo, diga "obrigado, obrigado".

Repita "obrigado" como um mantra, várias e várias vezes, borrifando a cada vez. Repita como se estivesse segurando um desinfetante, algo que estivesse borrifando de dentro de você, neutralizando os pensamentos, limpando seu caminho e todo o ambiente. Cada vez que um pensamento se aproximar, borrife-o com o spray. Você está se livrando de pensamentos intrusos antes que eles tomem conta do ambiente, como se fossem ervas daninhas.

Usamos a palavra "obrigado" porque ela assume a perspectiva mais elevada do "eu real" em que tudo — incluindo as situações e os pensamentos — está ao seu lado. Então, a única resposta certa é "obrigado", mesmo que não seja possível ver o motivo no momento. Mesmo que sua perspectiva pareça ser o completo oposto. Lembre, não se trata de sentir gratidão — você apenas diz a palavra em sua mente. Com cada "obrigado", você apaga os pensamentos e as imagens indesejadas com uma borrifada. Isso limpa a atmosfera e o seu caminho.

Algumas pessoas descobriram que adicionar palavras à declaração de "obrigado" ajuda. Por exemplo, "obrigado por me curar", se o pensamento indesejado é sobre preocupações com a sua saúde ou a de um ente querido. Ou "obrigado pela minha ótima vida", se o assunto do pensamento é o pessimismo em geral. Ou "obrigado pela minha riqueza", enquanto você borrifa um pensamento sobre pobreza pessoal ou mesmo mundial. Em outras palavras, você vai para o "ganho" oposto e diz palavras relativas a ele. Como sempre, experimente e descubra o que funciona para você.

- Coloque todos esses pensamentos, desejos, preocupações e dilemas no lado direito da lista do poder supremo. Descarregue todo o falatório interno e todos os julgamentos e se concentre nas ações que o farão se centrar.
- Aprenda a se concentrar enquanto sua mente se acomoda com a meditação de ponto focal.
- Dar total atenção à sua respiração ou ao corpo tira a atenção dos pensamentos, fazendo-o centrar-se e limpar sua mente.
- Se nenhuma das práticas dessa seção funcionar, tire uma soneca poderosa. Isso o fará "reiniciar", e você despertará renovado, com outra chance de começar o dia, em qualquer momento.
- Use o flutuador de corredeiras para relaxar no fluxo de qualquer emoção que apareça. Use-o quando estiver sobrecarregado ou quando não conseguir dormir à noite devido a pensamentos em excesso.
- Use a mudança de ícone quando não conseguir tirar um pensamento problemático sobre alguém ou alguma coisa da mente. Mude para o lado dos "ganhos" do treino.
- Use o neutralizador de pensamentos para manter os pensamentos afastados.

Observação: Se você tem pensamentos indesejados intensos, esse neutralizador de pensamentos pode não ser poderoso o bastante para derrotá-los.

Seria como borrifar uma fragrância em uma casa suja ou bagunçada. Isso pode levá-lo a lutar contra seus pensamentos, aparentemente dando-lhes poder. Se esse for o caso, prefira usar a mudança de ícone — que dá conta de limpezas pesadas —, e isso o fará ter o hábito de seguir o fluxo dos pensamentos em vez de resistir a eles. Isso tirará poder suficiente dos pensamentos indesejados para que o neutralizador funcione. Assim que ficar bom nisso, o neutralizador de pensamentos pode ser aplicado para impedir que os pensamentos intrusos tomem conta.

Semana 2

LIBERDADE

Siga em frente. Os resultados virão com o tempo. Continue colocando o que está em sua mente na lista do poder supremo e fazendo a meditação de ponto focal.

Na semana 1 nos concentramos em identificar o que estava acontecendo com nossa vida e como gostaríamos que as coisas fossem diferentes. Ao longo da próxima semana, você combinará sua lista do poder supremo (ver página 42) e a meditação de ponto focal (ver página 47) com as novas ferramentas desta seção.

Uma questão comum sobre meditação é: "Por que não sinto nada diferente?". Mas, como ir à academia, é preciso mais do que uma semana para ver resultados. Continue, mesmo se seu falatório interno lhe disser que não está funcionando. Isso é normal. Siga em frente mesmo assim. Esse também é um bom momento para verificar se você está passando tempo suficiente meditando, porque, como eu disse, dez a quinze minutos em geral não é o bastante, especialmente se tende a pensar em excesso. Se sente que esse é o caso, aumente o tempo gasto na meditação.

Conforme a semana 2 começa, você expandirá a lista de ferramentas do lado esquerdo da sua lista do poder supremo para criar uma rotina. Você fará isso ao longo das próximas semanas. Lembre que não é sua tarefa pensar no lado direito da lista. Lance todas as perguntas, todos os pensamentos e todos os desejos no lado direito da lista. Sempre que se sentir sobrecarregado, jogue tudo no lado direito e continue seu trabalho — aquelas ferramentas que limpam sua mente e o deixam centrado. Você pode achar que não tem tempo em sua agenda, mas essas ferramentas práticas não irão exigir muito da sua manhã; e depois, você terá o resto do dia livre. O estado de limpeza mental que você conseguirá ao usá-las lhe dará mais tempo para fazer o resto das coisas e para desfrutar seu dia.

> COM A MEDITAÇÃO, O QUE FUNCIONA É FAZÊ-LA E FAZÊ-LA POR TEMPO SUFICIENTE.

Nessa semana, você se concentrará no que o bloqueia, porque, quando não se sente tão bem quanto gostaria, normalmente isso se deve ao excesso de pensamento. Pode ser porque há um desejo no seu caminho ou porque está resistindo inconscientemente. A lista do poder supremo o ajudará a deixar de lado os desejos e os problemas, enquanto a meditação de ponto focal limpa tudo da sua mente e o ajuda a superar os pensamentos excessivos. As ferramentas dessa semana, a lista "O que há de bom em…" e o processo de liberdade o ajudarão a deixar de lado aqueles assuntos que você acha difícil esquecer, não importa quanto tente. Juntas, essas práticas o farão deixar de querer mudar algo ou de mandar algo embora. Você descobrirá a porta para sua liberdade e para o que deseja.

> Técnicas e ferramentas estarão marcadas com 💡 e serão introduzidas ao longo do curso. O ideal é fazer, pelo menos, três práticas por dia, mas faça como funcionar melhor para você. No final do curso, na página 150, você pode encontrar uma tabela com todas as ferramentas e práticas propostas, podendo usá-la para criar seu próprio plano diário.

Liberdade para apreciar

Nem sempre é possível se livrar dos bloqueios com leituras e workshops. Esses métodos podem ajudá-lo a articular seus bloqueios, mas é improvável que eles desapareçam. A prática a seguir, no entanto, é radical, no sentido de que o ajudará a ver os desafios dos quais sua mente tenta escapar como de uma mina inexplorada.

Assim que aplicar a lista "O que há de bom em..." e o processo de liberdade, você vai poder se concentrar em tudo de bom que existe em sua vida. Então, você perceberá por que a aparentemente simples "lista de gratidão" promovida por tantos professores de desenvolvimento pessoal nem sempre funciona tão bem. Provavelmente porque é difícil "contar suas bênçãos" quando sua mente está cheia de pensamentos em excesso. Ao encontrar um jeito de atravessar seus bloqueios, você ficará livre para ir até onde a gratidão e o apreço se tornam naturais e sem esforço, e se lembrará de todos aqueles momentos de confiança com a evocação da confiança.

Aceite-se inteiramente
💡 Lista "O que há de bom em..."

Para se concentrar naquelas partes de si mesmo que provavelmente estão sendo evitadas, vamos começar com uma pergunta: "Você consegue aceitar todas as partes de si mesmo e todas as partes da sua vida"?

Às vezes negamos partes de nós mesmos, e isso se torna tão habitual que nem sequer sabemos que estamos fazendo isso. Pare por um momento: você aceita sua aparência, as peculiaridades da sua personalidade, seus talentos, sua voz e seu jeito de agir, por exemplo? Todas essas partes únicas e belas de si mesmo são o que o definem. Com frequência, as partes de nós das quais não gostamos são as que esperamos que os outros elogiem para que possamos nos sentir bem — e, quando isso não acontece, ficamos frustrados e irritados. Esquecemos que a vida é um reflexo de como nos sentimos sobre nós mesmos, e que é nossa tarefa nos aceitarmos incondicionalmente antes de mais nada.

Que sentimentos você anda evitando?
Como você está se sentindo nesse instante? Talvez esteja querendo sentir-se confiante e feliz, mas se encontra submerso em pensamentos e emoções que atrapalham isso, então você só tem duas escolhas:

1. Acomodar-se e aceitar onde você está e como está se sentindo agora ou
2. Lutar contra onde você está e como está se sentindo agora.

A primeira opção o levará ao lugar onde você quer estar. Nós nos envergonhamos quando temos que admitir para nós mesmos que nos sentimos solitários, carentes ou inseguros. Há algo nessas emoções e em outras similares que nos obrigam a fazer qualquer coisa que não seja encará-las como elas são. Mas quero que você encare esses sentimentos e comece a ser amigo deles.

Todo mundo fica constrangido por se sentir solitário, carente ou triste. Você sente o que sente, e está tudo bem. Pode até ser porque é assim que você deveria se sentir agora. Ninguém precisa se sentir otimista o tempo todo e, de fato, isso não o faria evoluir. Então, não é necessário negar ou escapar dos seus sentimentos com tanta rapidez; deixe-os agir em você, eles podem ser importantes para sua evolução.

Tentar nos livrar deles rápido demais nos mantém mais presos a eles. É como tentar sair correndo estando preso a um elástico: você continua sendo arrastado para o início, e se sente ainda mais derrotado e cansado a cada tentativa, até que esse sentimento toma conta de você. Aceitar essas emoções, e até mesmo se aconchegar nelas, é respeitar a si mesmo, e isso vai fazê-lo soltar-se do elástico, por assim dizer, libertando-o para aceitar que você se sentirá melhor no momento devido. Diga para si mesmo: "Estou disposto a sentir minha intensidade, estou disposto a deixar que ela trabalhe em mim". Permaneça com os sentimentos, encare-os, fique com eles, seja eles, não tente fugir da tempestade, permaneça nela.

Pode parecer estranho ficar bem com um estado de espírito que não parece bom. Mas muito dessa sensação é efeito de resistir a esse estado de espírito; tem pouco a ver com o estado de espírito em si. A ansiedade é vista de um jeito específico quando você está (compreensivelmente) julgando-a e tentando se livrar dela, e encarada totalmente diferente quando você acompanha o fluxo dela — sendo até amigo desse sentimento. O problema é sua mente lutar contra qualquer coisa que ela não quer, porque aquilo a que você resiste, persiste. Mas nem mesmo isso é, em última instância, um problema, porque lembre-se: essa resistência é a resistência do treino. Ela faz sua vida evoluir para melhor.

> COMO VOCÊ ESTÁ SE SENTINDO AGORA É COMO VOCÊ DEVERIA SE SENTIR. ISSO ESTÁ ACONTECENDO PORQUE DEVE ACONTECER.

Quando você está nesse estado, é importante perceber que as aparências "lá fora" são apenas um reflexo temporário do seu estado interior. Isso porque quando seus pensamentos estão tempestuosos, é provável que toda sua experiência se ajuste ao seu estado de espírito. Por exemplo, você pode não gostar do que vê no espelho e se perguntar por que está tão feio. Essa ilusão, que é, mais uma vez, sua própria percepção, é um sinal de que você está desequilibrado nesse momento. Exige prática para se lembrar disso — que sua aparência exterior é um reflexo temporário e não uma realidade fixa.

Quando somos tomados por uma onda emocional, parece que nos fundimos a ela; que nos tornamos uma coisa só com ela; que nos tornamos a própria emoção. Se esse é o caso — e sempre é se você estiver se sentindo dominado pela emoção —, então, para amar a si mesmo, você precisa amar a emoção. Se não amar as emoções que está experimentando, então posso dizer que você não está se amando. E é assim que você se torna livre das emoções. Ao aceitar e se tornar amigo do que está sentindo, a emoção se dissipa e o liberta. É aquele paradoxo que diz: para mudar algo, você precisa primeiro aceitá-lo exatamente como é.

💡 Como usar a lista "o que há de bom em..."

A lista "O que há de bom em..." trata de se abrir para a vida, confiando que o que vem até você é o que supostamente deveria vir, e que é sua tarefa encontrar o que há de bom nisso. Você pode achar o processo difícil no começo, já que sua mente está tão acostumada a procurar coisas ruins em tudo, então tenha certeza de que está relaxado e confortável antes de começar, e tenha em mente que pode levar algum tempo até você entendê-lo.

"O que há de bom em como você está se sentindo?"

Digamos que você se sinta assustado, triste, isolado ou solitário. Em geral, ninguém quer admitir essas coisas. Mas agora você não só vai encarar como se sente, como escreverá: "O que há de bom nesse sentimento". Por exemplo:

- Esse sentimento desconfortável é um incentivo para fazer minha tarefa interna; ele está me obrigando a entrar em mim mesmo e descobrir meu poder. Talvez eu precise desse sentimento para me encorajar a fazer minha prática diária;
- Considerando meu passado, eu devia me sentir assim, e qualquer um se sentiria da mesma forma nessa situação;

- Está tudo bem me sentir como me sinto. Talvez eu devesse me sentir assim ou devesse ter esses pensamentos para evoluir para a vida que quero ter;
- Essa experiência que estou atravessando é nova, um treino. Esse sentimento é um sinal de que estou evoluindo. Os ganhos só chegarão depois;
- Esse sentimento intenso mostra que me importo. Quem sabe eu não precise desse poderoso empurrão para encontrar uma solução? Estou no caminho, então essa deve ser a resposta correta.

"O que há de bom em ter medo do que os outros pensam?"
Um dos maiores obstáculos para viver melhor é o medo do que as outras pessoas pensam. Então, primeiro, tem que aceitar isso. Tentar não se importar com o que os outros pensam quando você se importa é, sim, resistir, e isso vai mantê-lo preso nesse lugar. Por exemplo:

- Há algo de bom em me importar com o que os outros pensam, porque isso mostra que me importo com as pessoas e com seus sentimentos. Sou uma pessoa carinhosa e gentil;
- Considerando meu passado, é compreensível que eu tenha medo do que as outras pessoas pensam, então estou me saindo bem por enquanto;
- Talvez me incomode de propósito com o que os outros pensam, porque quero fazer exatamente o oposto — que é ser eu mesmo, não importa o que os demais pensem.

"O que há de bom na apatia e no vazio?"

Às vezes, nos sentimos apáticos ou com uma sensação de vazio quando temos ambição. É claro que de vez em quando você vai sentir uma ausência — uma lacuna —, porque o que você quer que aconteça não está acontecendo. Além disso, isso é um sinal do seu treino. Todo mundo com quem já trabalhei — e trabalhei com algumas pessoas muito bem-sucedidas do ponto de vista material — sentiu isso ao longo do caminho para transformar seus sonhos em realidade.

Essa ausência é um sinal de que o que você quer está chegando; é um sinal da sua ambição. Se você não tivesse esse sentimento, significaria que não deseja o bastante — então, é um indício muito bom. Por exemplo:

- Esse vazio pode ser preenchido com alguma coisa nova e excitante;
- Essa apatia é o treino para a paixão, e está pedindo mais animação na minha vida. Ela também está me mostrando quão longe cheguei, porque eu costumava a me sentir assim o tempo todo, e agora isso não acontece mais;
- Outras pessoas também estão passando por isso — todo mundo tem um dia assim. Talvez eu esteja, de algum modo, abrindo caminho para outros também, porque sou um líder.

"O que há de bom em ser controlador?"

Uma das maiores confusões quando chamamos alguém de "controlador" é que, na verdade, poucas pessoas querem controlar de fato os demais. É muito trabalhoso, pra não dizer inútil, porque isso só faz com que você se sinta controlado. Elas só querem, na verdade, limpar a mente e estar no "eu real", como todo mundo. Por exemplo:

- Em geral, estou certo sobre o que é melhor para os demais e em que situações, então como um bom líder vou orientar as pessoas em vez de criticá-las;
- Isso mostra habilidades de liderança. Todos os líderes têm tendência de ser chamados de controladores no caminho para se tornarem grandes líderes;
- Isso mostra força de caráter. Pelo menos eu causo impacto e sou visto como alguém poderoso.

"O que há de bom na dúvida?"

Sempre que você sai da sua zona de conforto e tenta algo novo, existe uma alta possibilidade de sentir dúvida. E isso é um bom sinal, além de ser o treino para o oposto da dúvida — a crença. Por exemplo:

- A dúvida é o treino para mais fé e crença. Mesmo a pessoa mais confiante tem dúvida, já que a dúvida é um levantamento de peso necessário para a confiança;
- Eu deveria me sentir assim. Vou deixar que esse sentimento atue em mim;
- A dúvida é parte da jornada na busca pelo que quero. É um sinal de que estou saindo da minha zona de conforto e indo em direção a uma vida melhor. É o sinal de que algo bom está vindo.

"O que há de bom em ter um dia ruim?"

Tentar transformar um dia ruim em um dia bom, em geral, torna tudo ainda pior e, tentar fugir, curar ou mudar seu estado de espírito — buscando consolidar essa transformação — é resistir. A autoaceitação é o bálsamo que você procura. Está tudo bem ter um dia ruim e se sentir vulnerável às vezes. Assim como você aguenta os exercícios físicos — e não desiste aos primeiros sinais de tensão —, perceba que se sentir mal ou ter um dia ruim é só um sinal de que está treinando. Os ganhos vão chegar quando as nuvens da tempestade irem embora. Por exemplo:

- Tudo mundo tem um dia ruim de vez em quando. Está tudo bem me sentir como me sinto. É assim que evoluímos nos dias bons. Isso é um detox e um incentivo para que eu melhore minha prática e mude minha agenda;
- Está tudo bem ter um dia ruim. Isso me mostra quão longe cheguei, pois eu costumava a me sentir assim o tempo todo;
- Vou dizer que hoje o dia foi ruim. Todo mundo tem dias assim. Vou acomodá-lo e ser amistoso com ele.

"O que há de bom na vergonha?"

A vergonha é um tipo de autocrítica incansável e o oposto do amor-próprio. Mas lembre-se de que a vergonha também é benéfica, pois ela se transforma em amor-próprio e em empoderamento (que é o oposto da vergonha). Sim, é um treino. Aceitar sua vergonha é um dos jeitos mais poderosos de deixá-la para lá. Deixar-se pensar em excesso sobre algo (se é isso que você está fazendo) é seu jeito de sair disso. Então, aceite a si mesmo e observe os pensamentos e os sentimentos que não quer que saiam de você, e as ideias e os sentimentos que quer que entrem na sua vida. Por exemplo:

- Está tudo bem sentir vergonha. Ela é um sentimento muito comum e posso tê-la e deixá-la me fazer evoluir, sabendo que tudo passa;
- A vergonha é um treino para o amor-próprio. Para me tornar confiante de quem sou. Para não me importar com o que os outros pensam;
- Algumas das pessoas que sentiram muita vergonha são as que hoje têm mais liberdade e são elas mesmas.

> AMOR-PRÓPRIO SIGNIFICA AMAR TODAS AS PARTES DE SI MESMO. QUANDO SE AMA COMPLETAMENTE, VOCÊ SE LIVRA DO QUE NÃO FUNCIONA E FICA COM O QUE FUNCIONA. AMAR A SI MESMO NUNCA CAUSOU NENHUM DANO.

Lide com situações desafiadoras

Pode ser difícil acreditar, mas quando você acolhe um pensamento ou um sentimento indesejado ele vai embora. Não se trata da ação em si. Você está aceitando a ideia e o impulso de querer agir. Com frequência, quando aceita um pensamento ou um sentimento, você descobre que não quer fazer nada a respeito dele. Em outras palavras, você ama a sensação de estar aborrecido, por exemplo, e não pensa que precisa expressar seu aborrecimento. E, de fato, quando você ama um sentimento, é muito menos provável que você queira expressá-lo.

Quando está lidando com uma situação desafiadora, ou uma situação que aconteceu recentemente e ainda está afetando você, antes de tudo é bom escrever "O que há de bom na minha reação" antes de ir para "O que há de bom na situação em si". Também é possível usar a construção "Está tudo bem em..." em vez da primeira opção, se isso parecer mais realista.

Por exemplo: se você fica muito preocupado quando olha para o extrato da sua conta bancária, não vá direto para "O que há de bom em não ter muito dinheiro?". Comece identificando como está se sentindo. Vamos dizer que você perceba que está com medo. Primeiro, você encara esse sentimento. Por exemplo:

- Tudo bem me sentir assim; todo mundo se sentiria assim nessa situação;
- Sentir preocupação demonstra que tenho ambição pelo dinheiro (que é necessário). Imagino que todas as pessoas ricas já tenham se sentido dessa forma; isso também está me mostrando que tenho respeito próprio (algumas pessoas, aliás, não dariam a mínima para isso, o que não é bom).

Agora você pode passar para "Está tudo bem ter menos dinheiro".

- Ter menos dinheiro é um treino para "chamar" mais dinheiro;
- Isso está me levando a fazer um orçamento e a comprar diversos tipos de coisas, algumas das quais são realmente boas; e esse orçamento está me ajudando em outras áreas da vida;

- Isso realmente me fez ver melhor o que eu quero — um estilo de vida bom — e me fez olhar para novas formas de ganhar dinheiro, o que é emocionante.

Primeiro, aceite a emoção que vem com a situação, e então aceite a situação em si. Amar a si mesmo significa amar seus pensamentos e todas as suas emoções. "Hoje eu me sinto um fracasso, e está tudo bem." Há um certo poder em aceitar essas coisas que aparentemente são o oposto do que você quer. Você não vai ficar onde está para sempre e, quando olhar para a lista "O que há de bom em..." e saber que isso é só por hoje — e não para sempre —, vai conseguir processar tudo com mais facilidade.

💡 Encontre os ganhos do treino processo de liberdade

A lista "O que há de bom em" é incrivelmente poderosa e se torna ainda mais com a prática, então continue com ela. Em algumas circunstâncias, no entanto, especialmente no começo, pode parecer que você não é capaz de encontrar nada de bom em determinadas questões. Para essas situações, gostaria de apresentar o processo de liberdade, no qual você pula direto para a parte em que aprende a amar onde está. Esse processo transforma rapidamente (às vezes instantaneamente) o negativo em algo positivo que você consegue entender, acreditar e até mesmo amar.

Como disse, toda situação é um treino disfarçado. Você não pode realmente amar o lugar em que está se não souber o que pode ganhar. É como esperar que alguém ame a tensão gerada na academia sem saber que vai criar músculos.

Vamos levar a analogia da academia mais fundo. Se quiser criar uma qualidade em particular, você terá que ir para a "academia da vida" e dizer ao treinador que quer desenvolver, por exemplo, mais confiança. Então, você vai receber um peso chamado "insegurança". No início, você pode se perguntar por que está recebendo insegurança quando o que você pediu foi confiança — e então você ouve que a insegurança é o peso que cria confiança.

Desafios financeiros criam riqueza. Nunca conheci uma pessoa rica que não tenha sido extremamente pobre ou pelo menos sentido medo intenso de cair na pobreza. Esses pesos ou desafios são uma parte necessária da jornada. Não vai demorar muito para você chegar a um ponto no qual poderá dizer com confiança: "Traga para mim". Cada desafio é um presente que, conforme você o ama, vai se transformar em uma vantagem, beneficiando imensamente sua vida. Então, é bom encontrar esses pesos; na verdade, você quer escolhê-los. Escolhê-los em vez de lutar contra eles é o caminho para sua liberdade. Quando ama e aceita o "levantamento de peso" como parte da jornada, você amplia seu caminho para os ganhos.

CADA DESAFIO TEM UM GANHO CORRESPONDENTE.

💡 Como fazer o processo de liberdade

Pegue um pedaço de papel e escreva no canto superior esquerdo "treino/pesos" e, no canto superior direito, "presentes/ganhos".

Embaixo do título do lado esquerdo, você vai listar os sentimentos e também as situações que o impedem de se sentir plenamente empoderado e no seu "eu real". Pode ser uma questão antiga — um assunto que ocorreu há diversos anos — ou então um sentimento atual. Escreva o que está vivenciando no lado esquerdo. E vá escrevendo todos os sentimentos; uma palavra ou uma sentença que descreva como você está se sentindo e o que está acontecendo.

Agora, vamos à parte divertida. Assim que terminar a lista, escreva do lado direito exatamente o oposto. Cuidado para não tentar sentir essas palavras, mas simplesmente fazer o processo. É técnico, não emocional — uma tarefa a cumprir, como responder a uma prova. Você levará algum tempo para "opor" cada palavra e sentimento que escreveu; e enquanto faz isso você deve se perguntar: "O que esse peso está produzindo de ganho para mim?". Por exemplo:

TREINO/PESOS	(CRIA)	PRESENTES/GANHOS
Insegurança	>>>	Segurança, confiança
Medo	>>>	Destemor
Preocupação	>>>	Confiança, otimismo, felicidade, animação
Discussões	>>>	Relacionamentos melhores
Tédio	>>>	Paixão, entusiasmo
Pensar em excesso	>>>	Mente lúcida, concentrada e tranquila

Preocupar-se com problemas	>>>	Animação com a vida
Não ter trabalho suficiente	>>>	Uma agenda lotada de compromissos, grandes vendas
Querer mudar de casa	>>>	Uma casa perfeita, um apartamento na cobertura
Não gostar do emprego	>>>	Uma carreira que amo, um propósito de vida
Não ser reconhecido	>>>	Ser validado, celebrado
Um dia ruim	>>>	Um dia incrível
Tentar ser positivo	>>>	Fé inabalável
Ser pessimista	>>>	Um desfecho positivo, bênçãos, milagres
Sentir-se fraco	>>>	Sentir-se forte, poderoso

Lembre desses pontos. Estas são suas "declarações de liberdade":

1. A maneira mais rápida de obter esses ganhos é aceitar o peso;
2. Você precisa dos pesos para conseguir os ganhos.

Ame os pesos como um fisiculturista

Para chegar aonde quer estar (o lado direito), é preciso aceitar onde você está. Então, a próxima coisa que vai fazer é escrever "Eu amo..." e, em seguida, escrever a primeira coisa que está na sua lista de "treino/pesos". Ou você escolhe aceitar o que está acontecendo agora ou continua lutando contra isso. O maior motivo para amar esses sentimentos e situações é que eles estão fazendo você evoluir. Não é necessário nenhum outro motivo além desse.

Esse processo desconstrói os inimigos, que são predominantemente sua própria resistência àquilo que chama de seus bloqueios. Quando você usa esse processo para amá-los e apreciá-los, eles se desfazem conforme você percebe que jamais foram bloqueios, mas pesos que estão ao seu lado. Então, embaixo de tudo que já escreveu até agora e baseado na tabela anterior, a lista vai parecer assim:

- Eu amo me sentir inseguro;
- Eu amo sentir medo;
- Eu amo me preocupar;
- Eu amo discussões;
- Eu amo ficar entediado.

Como é possível amar essas situações/sentimentos aparentemente desagradáveis? Pensando que eles são pesos necessários para a obtenção de ganhos. Você simplesmente precisa passar por eles para conseguir os ganhos — assim como um fisiculturista precisa aguentar a tensão do levantamento de pesos para ficar forte. O peso é algo a ser celebrado; quer dizer que você está no caminho certo e que seu objetivo está próximo.

Lembre-se de que você não está tentando mudar nada, está somente aceitando as coisas como elas são. É isso. Fazer essa lista é o bastante para que você perceba algo — uma mudança. Além disso, com a prática, esse processo se tornará mais fácil e até mesmo automático.

Diário do processo de liberdade
Outro jeito de fazer esse processo é escrever um parágrafo mais detalhado sobre como você se sente, como um diário. Deixe as palavras fluírem. Agora, repasse tudo, invertendo as palavras. Por exemplo:

"Hoje me sinto muito mal. Vazio, entediado com a vida e sem saber que decisão tomar. Me sinto perdido e não tenho ideia do que me faria feliz ou do que fazer. Não sinto vontade de fazer nenhum hobby. Só quero ficar na cama o dia todo."

Se torna:

"Hoje me sinto muito bem. Realizado, animado com a vida que tenho e cheio de ideias. Me sinto focado e bastante empolgado com todos esses novos interesses que tenho e mal posso esperar para colocá-los em prática. Mal posso esperar para poder desfrutar plenamente a vida e todas as coisas excitantes que vão acontecer comigo."

Leia suas declarações de liberdade para lembrar-se da razão desse processo e de toda a lógica que existe por trás dele. Como eu já disse anteriormente, encare essa etapa como se estivesse fazendo um projeto técnico: deixe suas emoções de lado e encare todo o texto que escreveu, encontrando o melhor oposto dele. Você pode aplicar isso ao seu verdadeiro diário e experimentar a liberdade de perceber que tudo o que fez não foi em vão, foi para viver melhor.

Aprecie sua vida
💡 Gratidão 150

As duas práticas dessa semana se concentram em apreciar onde você está agora e em ficar bem com isso. O apreço é um sentimento que não tem pensamentos associados a ele: é um sentimento de amor. Então, assim que sentir a mente limpa de qualquer questão e souber "O que há de bom" e que "Está tudo bem", é hora de seguir e se concentrar no que está dando certo na sua vida. Se não consegue fazer isso, volte para a lista "O que há de bom em..." até conseguir. Quando aceitar como está sentindo e o que está acontecendo, é hora de aceitar seus problemas para receber as coisas boas em sua vida. A gratidão expande as coisas boas, e a consideração as aprecia. Em outras palavras, se quer riqueza, aproveite a riqueza que tem. Se quer beleza, aproveite a beleza que tem.

Pode parecer estranho, mas é normal sentir-se "para baixo" ou ter uma imensa resistência ao apreço. Por mais que pareça, esse processo não é fácil. É por isso que tantas pessoas desistem das listas depois de uma breve tentativa (que não é suficiente para experimentar seus efeitos). Esse desânimo é seu treino e um sinal para seguir em frente. Você está à beira de uma mudança para melhor. Se for difícil demais, comece com uma lista "O que há de bom em..." ou com uma meditação, por exemplo.

> O APREÇO ABRE A PORTA AO FLUXO DE IDEIAS DO SEU "EU REAL".

Desejos são ambições, e ambições são o treino necessário para você chegar aonde quer. Mas assim que você os tem por algum tempo, eles se tornam um obstáculo. Querer alguma coisa e não consegui-la impede você de amar o momento presente. Mantenha uma lista do poder supremo por perto e, toda vez que um desejo aparecer, escreva-o na coluna da direita. Dessa forma, você domina seus desejos (lista do poder supremo) e consegue seguir seu dia — e usa os demais processos para ajudá-lo a realizar isso.

A chave para fazer essa lista funcionar é escolher tópicos leves ou até mesmo infantis. Comece com algo trivial ou simples, como seus itens de casa favoritos ou suas roupas preferidas. Por exemplo:

- Amo minha roupa nova;
- Amo meu nécessaire e minha mochila;
- Amo minha casa e a vista para o parque;
- Amo minha academia;
- Amo aquele casaco que comprei hoje;
- Amo aquela vendedora da loja que sorriu para mim hoje e fez questão de voltar e me atender no caixa.

Revise as coisas que você tem em casa, coisas que comprou, como roupas ou equipamentos, que em um momento fizeram seu dia feliz e agora são entediantes. Aprecie-as. Traga-as de volta à vida. Fazendo isso, você redescobrirá aquela sensação de novidade com ainda mais intensidade do que na primeira vez e abrirá caminho para mais disso. Em vez de desejar o tempo todo a casa dos sonhos, por que não fazer com que sua casa se torne mais sua casa dos sonhos? A mente do "eu inferior" quer ter algo melhor o tempo todo — e você quer ficar mais animado no momento presente. Essa gratidão pode muito bem levá-lo a arrumar mais a casa, a pintar as paredes, a comprar móveis novos, o que é uma extensão prática da gratidão.

Grato por ser você

A gratidão e o apreço se estendem a você também. Você pode não estar exatamente onde quer, mas ninguém quer contratar alguém que está aguardando ser descoberto. As pessoas querem contratar uma estrela e você precisa ser o primeiro a se descobrir. Pergunte a si mesmo: "O que me torna elegível?"; e então escreva suas respostas. Por exemplo: "O que torna (insira seu nome aqui) elegível"?

- Tenho um emprego interessante;
- Tenho belos olhos;
- Tenho uma bela voz;
- Me visto bem;
- Tenho um corpo bonito.

Algumas pessoas podem dizer que esse tipo de apreço é superficial, mas encontrar algo que prenda sua atenção e o tire do falatório interno negativo é a porta de acesso para quem você é de verdade, o que é qualquer coisa menos superficial. Trata-se de sentir-se inspirado e de despertar sua animação. Fazer uma lista de coisas que acha mais profundas ou mais sérias, tais como "Amo o jeito como sol nasce toda manhã", pode não funcionar para você. Isso desperta seu interesse tanto quanto uma roupa nova, um sofá novo ou seus amigos? Você pode pensar que funciona, mas será que funciona mesmo? Só você sabe a resposta.

Você pode apreciar qualquer coisa, não há regras. Mas descobri que o simples é, em geral, uma rota mais fácil para a conexão. E pode ser realmente um ponto focal material de amor e apreço que o coloca no caminho.

Uma das coisa que você faria se tivesse tudo, e se tivesse mais tempo, seria apreciar mais. Porque este é um dos segredos para a felicidade: estar centrado e ser você mesmo — alguém que aprecia as coisas naturalmente.

Renove o apreço pelas pessoas, lugares e coisas

Lembro-me de quando vim a Londres pela primeira vez: estava ensolarado e os edifícios eram tão imensos comparados com os de onde eu vinha. Senti um entusiasmo e uma expectativa pela cidade. Quando me mudei para cá, a animação desapareceu e se tornou mais normal. Quando usei o apreço, reiniciei o sentimento e a cidade se tornou uma novidade mais uma vez. Na verdade, tenho a sensação de que ficou maior do que a primeira vez, e isso faz sentido. Durante todo tempo em que eu tinha saído do lugar, tinha evoluído, de modo a sentir mais animação e mais aventura. Meu apreço abriu a porta ao amor pela cidade. E dá para fazer isso com qualquer coisa.

Quando compra uma roupa nova na qual você se sente muito bem, elogios logo aparecem. Os elogios estão apenas concordando com sua própria opinião sobre como você está bonito. E é por isso que, muitas vezes, ao não usar mais essa roupa, os elogios param. Você também pode "renovar" aquele sentimento de primeira vez.

Vá até seu guarda-roupa. Comece ali. Revisite itens que em algum momento animaram você. Depois, confira os acessórios com os quais ficou realmente entusiasmado quando chegaram pelo correio e lembre-se do que havia de incrível neles.

Recordo-me de trabalhar com uma pessoa que conseguiu fazer uma lista de 150 coisas pelas quais ela é grata — e aquilo realmente a fez se sentir bem, e sua vida começou a melhorar —, e é por isso que essa lista é chamada de gratidão 150.

> REINICIE AQUELA SENSAÇÃO DE SER "NOVO NA CIDADE".

💡 Como fazer a lista gratidão 150

Escrever uma lista com as 150 coisas pelas quais você é grato exige tempo, e a maioria não faz isso por esse motivo. Mas fazer uma lista lhe dá uma vantagem para vencer. Quando chegar ao 85º item, mais ou menos, você já estará quase sem ideias de coisas para escrever. Mas siga em frente. Mais percepções virão, e você começará a descobrir mais coisas para escrever, talvez coisas das quais não se lembrava há um tempo.

Quando alcançar o número 150, descobrirá que naturalmente procura o lado bom das situações ao longo do dia. Você começará a se apreciar mais e, portanto, a pensar menos, porque não dá para pensar e apreciar ao mesmo tempo. É quase um estado meditativo, no qual você ouvirá sua voz interior em vez da estática do falatório interno negativo. Também é possível escolher um tema específico, como "Aparência 150" ou "Carreira 150".

Você também pode listar todas as pessoas da sua vida — amigos e familiares, e todas as qualidades que eles têm. Escreva "Eu amo..." e liste o nome deles, sentindo realmente o apreço.

Não é preciso listar 150 coisas; às vezes você não terá tempo. Mas o número no título o recordará de que é preciso fazer mais e não menos. Escrever cinquenta coisas em vez de apenas pensar em cinco, por exemplo.

Ame seus inimigos
O amor é a resposta e abre a porta para os milagres. A gratidão limpa o caminho. O amor faz com que tudo fique bem, dispersando e desarmando seus inimigos. O amor é tudo. Se você chama de amor, gratidão ou apreço, não importa — essas palavras são muito similares, trata-se do sentimento, não do rótulo. A gratidão cria um campo de força: um escudo que permite que você passe suavemente pelos seus problemas e que o deixa poderoso.

Ninguém tem pensamentos obsessivos indesejados sobre as coisas que ama. É o "tentar não pensar no pensamento" que alimenta o pensamento ao ponto da obsessão; um pensamento de que "eu não devia estar pensando o que estou pensando". Dessa forma, o amor ou o apreço incondicionais são formas de nos livrarmos da obsessão. Olhe para o lado bom da pessoa, do lugar ou da coisa da qual quer se esquecer — e então encha sua mente com outras pessoas, outros lugares, outras coisas e outros assuntos que acha fácil apreciar.

Desenvolva a confiança
💡 Evocação da confiança

A importância de ser confiante e desenvolver confiança é clara, mas como conseguir isso de verdade? A evocação da confiança é um jeito eficaz de desenvolvê-la, passo a passo, identificando as vezes nas quais você se sentiu confiante e trazendo essa sensação à mente. É uma maneira simples de praticar mais esses sentimentos até que eles se tornem nosso novo normal. Contudo, não se trata de ter pensamentos confiantes, nem sobre pensar em nada.

Quando revisita lembranças de quando se sentiu confiante, você se move para aquele estado mental, de não pensamento. Quando está confiante, você não está em um estado de pensamento — você só é, independentemente do pensamento. É por isso que é tão incrível; nesses momentos, você está no estado do seu "eu real".

É comum uma pessoa receber um elogio e se sente momentaneamente surpresa. E, então, segundos depois, mergulha no falatório interno, que provavelmente inclui uma boa quantidade de autocrítica. Em pouco tempo, o elogio é totalmente esquecido.

A evocação da confiança é o oposto disso. Com ela, você permanece ativamente nos elogios; tira o máximo proveito deles. Os elogios também incluem aqueles momentos nos quais você se sentiu bem consigo (que corresponde a fazer um elogio a si mesmo). E então você permanecerá ali até que esteja se sentindo muito bem.

> MUITAS PESSOAS REPETEM O FALATÓRIO INTERNO CRÍTICO, MAS A EVOCAÇÃO DA CONFIANÇA TRATA DE REPETIR OS ELOGIOS E OS MOMENTOS NOS QUAIS VOCÊ SE SENTIU AUTOCONFIANTE.

Você pode achar que nunca se sentiu confiante ou que nunca recebeu muitos elogios. Mas já deve ter tido milhares ou milhões de experiência — e, em algum momento, deve ter sentido pelo menos uma confiança passageira; todo mundo sente. Essa técnica trata de redescobrir e depois revisitar esses momentos. Enquanto pratica essa técnica, você se lembrará de muitas vezes em que se sentiu do jeito como quer se sentir.

💡 Como fazer a evocação da confiança

Escolha uma área de sua vida. Pode ser sua imagem corporal ou o nível de sucesso em sua carreira, por exemplo. Aqui, usaremos o sucesso na carreira. Em um pedaço de papel, escreva uma ou duas frases, que chamarei de "declaração afirmativa", que seja uma descrição de quem você realmente é, sem os pensamentos no caminho. Não é para tentar fingir ser alguma coisa que você não é, é só escrever essa declaração — uma declaração do nível de confiança "dos sonhos" que quer ter. Transforme esse sentimento em uma declaração.

Por exemplo, caso você atue na área de empreendimentos imobiliários e queira se sentir bem-sucedido, você pode fazer anotações como:

Declaração afirmativa: "Sou o número um em empreendimentos imobiliários na Costa Oeste, ganho muito dinheiro e muitos prêmios, amo a vida."

No momento, você pode não acreditar em nenhuma palavra dessa declaração. Ela é uma frase que descreve a confiança na carreira que gostaria de ter.

Abaixo, escreva as memórias de todas as vezes que se sentiu assim ou parecido com essa declaração. Você pode muito bem não ter se sentido tão confiante, mas tenho certeza de que chegou bem perto. Trata-se menos das palavras que você usa e mais de habitar na memória até que se sinta como se sente quando recebe um elogio ou quando esteve pela primeira vez naquela situação. O que você escreve não é importante, é só um ponto focal para evocar a lembrança na qual permanecerá por alguns momentos. Lembre exatamente de como se sentiu. Essa sensação de confiança é mais importante do que as palavras escritas. Por exemplo:

Declaração afirmativa: "Sou o número um em empreendimentos imobiliários na Costa Oeste, ganho muito dinheiro e muitos prêmios, amo a vida."

- Zach disse que eu era incrível no que fazia e seria mundialmente conhecido;
- Quando vendi a propriedade de frente para o mar, senti que era o número um;
- Meus resultados ano passado estavam entre os cinco melhores da empresa;
- Lena disse que sempre soube que eu seria um imenso sucesso e que ficaria rico.

Como no exemplo acima, você se lembra de acontecimentos da vida real. Por exemplo, pode se lembrar daquela vez em que foi ao restaurante com Joe, seu ex-colega de trabalho. Vocês estavam em uma conversa animada quando ele olhou para você e lhe disse com segurança que seria um corretor imobiliário conhecido mundialmente. Ou daquela vez em que estava no escritório e Amit disse que você estava entre os cinco melhores da empresa, e você se sentiu no topo do mundo. Ou daquela ótima noite com Sara, quando vocês saíram para caminhar na praia, e ela disse que sempre soube que você seria rico e bem-sucedido.

Você não está inventando nada. Está se lembrando de coisas que aconteceram e que fizeram você se sentir como imagina que a declaração afirmativa o faria se sentir. Evoque pelo menos de dez a vinte momentos similares. Dedique um tempo para cada um deles. É uma prática agradável de fazer assim que você a adota.

E, lembre-se: não é complicado, é uma lista de apreço, para recordar que o "copo está meio cheio", só isso. Você não está tentando fingir ou inventar nada: está simplesmente declarando os fatos. Ao fazer essa lista, perceberá que está muito mais perto de quem quer ser e de onde quer estar do que pensa. Você pode até mesmo perceber que já está lá.

> A EVOCAÇÃO DA CONFIANÇA TRATA DE REVISITAR E RELEMBRAR AQUELAS VEZES EM QUE VOCÊ SE SENTIU CONFIANTE, PERMANECENDO ALI POR ALGUNS MOMENTOS ATÉ QUE VOCÊ REALMENTE SE SINTA ASSIM.

Repita essa técnica até dominar a declaração afirmativa; até reivindicá-la como sua. Você também pode aplicá-la em outros assuntos — é particularmente boa para a confiança corporal. Retornaremos a essa técnica em um capítulo posterior.

- Se há algo em sua mente, aplique a lista "O que há de bom em...";
- Use o processo de liberdade para ajudá-lo nas áreas em que tem dificuldade de encontrar algo bom em sua lista "O que há de bom em...";

- Agora que está lúcido, você pode ir direto para a lista de gratidão 150.

Use a evocação da confiança para desenvolver perspectivas de forma consistente e atitude confiantes ao se lembrar das vezes em que se sentiu bem-sucedido.

Semana 3

CONFIANÇA E AMOR-PRÓPRIO

Quando dá um passo para trás, é como se você fosse seu próprio anjo. Você é a pessoa de quem foi convidado a cuidar. Mas será que anda fazendo isso?

Continue com a meditação de ponto focal e com a lista do poder supremo, lembrando-se das novas práticas e escrevendo-as no lado esquerdo, por exemplo: meditação de ponto focal (ver página 47), lista "O que há de bom em..." (ver página 75), processo de liberdade (ver página 85) e evocação da confiança (ver página 96) — ou talvez a forma de exercício físico que escolher.

    Se após a meditação, pela manhã, sua mente estiver tranquila — sem lutar contra nenhum pensamento —, você pode ir direto para a evocação da confiança. No entanto, se houver algo na sua mente, encare seus sentimentos sobre a situação e também a situação em si com a lista "O que há de bom em..." e com o processo de liberdade.

Essa semana, vamos nos concentrar em você. Com base nas técnicas que aprendeu nas semanas anteriores, vamos aumentar a confiança e o amor-próprio ao reconhecer a pessoa dentro de você e colocá-la em primeiro lugar. Isso é vital para sermos um suporte capacitado para os demais, então não é algo egoísta, como pode parecer à primeira vista. Usando as técnicas dessa semana, você aprenderá a desviar o foco da sua vida externa e da sua reação a ela para a pessoa dentro de você. Essas três ferramentas tratam de dar a si mesmo o que espera que uma pessoa ou uma situação externa lhe dê, oferecendo a essa pessoa tempo, espaço e apoio incondicional. Reconhecê-la é um novo jeito de desenvolver autoconfiança e amor-próprio, e de acalmar os sentimentos de abandono ou a sensação de não ser o bastante.

> Técnicas e ferramentas estarão marcadas com o símbolo de uma lâmpada ♀ e serão introduzidas ao longo do curso. O ideal seria fazer, pelo menos, três práticas por dia, mas faça da melhor forma para você. No final do curso, na página 150, você pode encontrar uma tabela com todas as ferramentas e as práticas propostas, e pode usá-la para criar seu próprio plano diário.

Você é sua prioridade

A maioria das pessoas vive inconsciente do indivíduo que vive dentro delas — nos sentimos invisíveis. Alguns vivem para ser gentis com os demais, o que é ótimo, mas algo pode estar faltando.

Colocar os demais na frente o tempo todo não é tão bom, porque se coloca em último o tempo todo. E você também é uma pessoa.

Assim como muitas vezes acabamos buscando amor e aceitação fora de nós mesmos, também buscamos respeito em outras pessoas ou situações. Mas como o respeito não vai ser encontrado lá fora, e o mundo espelha o nível de respeito que tem por si mesmo, você precisa dar o primeiro passo. É quase como se uma das nossas tarefas fosse ser nosso próprio anjo da guarda, guia ou encorajador — mas nos esquecemos disso e queremos que os outros façam essa tarefa por nós. É como se ignorássemos a nós mesmos, e, em vez disso, déssemos atenção aos demais. Esse autoabandono é a fonte de muita desconexão.

Descubra a pessoa dentro de você
💡 Processo de autopercepção

Seus olhos são a maneira como uma pessoa recebe informação, e você se conecta em um nível mais profundo com os outros olhando diretamente em seus olhos ao falar com eles. Conecte-se com seus olhos e você descobrirá que é uma pessoa e, como tal, é o apoio que estava procurando, acessível em qualquer momento através de um espelho ou de uma superfície refletiva. É um ótimo jeito de usar um espelho — olhe para ele e deixe uma ou duas sensações agradáveis, encorajando a pessoa que vê ali.

A palavra autopercepção tem muitos significados em termos espirituais, mas trata-se de conectar-se com seu eu interior e reconhecer que é uma pessoa que pode ser amada. Trata-se de perceber que é uma pessoa e que, no espelho, você é o campeão mais poderoso que jamais encontrará. Então, comece a usar deliberadamente o espelho para se relacionar com essa pessoa dentro de você: a pessoa que é. Essa pessoa, às vezes isolada dentro de você, merece amor — e esse processo é um jeito poderoso e transparente de dar a si mesmo amor e aceitação. Então, esse amor e essa aceitação refletirão na sua vida. Além disso, você descobrirá que quanto mais se ama, menos se concentrará nos pensamentos — o que não é bom, tampouco um ato de amor-próprio.

💡 Como fazer o processo de autopercepção

Para algumas pessoas, olhar no espelho é uma experiência ruim, que só faz com que se lembrem de tudo que há de errado na sua aparência. É por isso que é vital que você só use essa técnica se já está se sentindo bem, e se já tem uma boa base nas práticas que compartilhei nas semanas anteriores. Caso contrário, a tentação de olhar para seu corpo e criticá-lo (mesmo que não seja esse o processo) pode ser forte demais. E, se você olha no espelho quando não se sente bem, o espelho vai refletir seu estado de espírito, e você provavelmente não gostará do que vai ver e começará a pensar em excesso sobre sua imagem corporal (para saber mais sobre isso, veja o capítulo "Olhando e sentindo-se a melhor versão de si"). Mas, se estiver pronto, eis como usar esse processo.

1. Encontre um espelho;
2. Olhe-se profundamente nos olhos. Seu foco pode ir para seu rosto e talvez você comece a analisar suas feições, mas volte para os olhos, e saiba que "eu estou ao seu lado. Estou aqui por você";

3. Continue olhando para seus olhos. Durante todo o tempo, deixe seus pensamentos vagarem como nuvens. Espere para que ocorra uma conexão entre você e seus olhos — é apenas você e seus olhos;
4. Respire profunda e lentamente. Espere que o amor flua de dentro na direção da pessoa do espelho, e da pessoa do espelho até você, como se esperasse uma conexão wi-fi se estabelecer;
5. Peça desculpas para si mesmo por ter se abandonado e sinta as desculpas voltando até você;
6. Diga a si mesmo que é lindo e sinta o apreço voltar do reflexo até você;
7. Ofereça um "obrigado" à pessoa incrível que você é, e sinta-se agradecido e amado em troca.

Quando se lembra dos professores que causaram um grande efeito em você na escola, e quando lê sobre as superestrelas falando sobre as pessoas que mudaram a vida delas, você descobre que os maiores mentores dizem o mesmo tipo de coisa. Eles não tentam consertar ou corrigir você. Eles simplesmente veem sua verdade, seu talento. Ficam impressionados com você e dizem: "Você consegue, está no caminho certo. Você é incrível". Seja esse mentor para si mesmo. Veja a pessoa no espelho como seu campeão, pronto para enaltecê-lo.

Em cada espelho que encontrar ou diante do qual parar deliberadamente, você tem um encontro com um suporte poderoso que quer animá-lo. Faça uso disso. Caminhando para o trabalho, você pode fazer um elogio a si mesmo quando notar seu reflexo nas janelas de um edifício. Fale baixinho consigo. Nos breves momentos em que se encontram (você e seu eu interior), use bem esse tempo — e vá em frente. Um sentimento ou uma frase já serve. Conecte-se com seus olhos e comunique um sentimento reconfortante. Faça um elogio a essa pessoa que você vê. Dê a si mesmo aquilo que está procurando em outras pessoas. Sinta o amor do seu poder supremo abraçando você.

Quando estiver em casa, se sentir que precisa de atenção, olhe para um espelho e diga a si mesmo o que espera que outras pessoas lhe digam (uma variação de "você é amado e perfeito do jeito que é"). Será uma coisa totalmente nova para você. Como está amando seu eu, a vida refletirá isso.

Ao longo dos anos, muitos ensinamentos usaram seu reflexo para ajudá-lo a se sentir melhor, mas falei com várias pessoas que disseram que isso surtiu o efeito contrário. E isso porque elas não descobriram o passo mais importante.

> ALGUMAS PESSOAS SE COMPLICAM MUITO COM TÉCNICAS NO ESPELHO, MAS EU ENSINO APENAS ESTA: CONECTE-SE COM SEUS OLHOS E SINTA AMOR POR ESSA PESSOA. É O BASTANTE.

Como sugeri, quando você faz contato com o espelho, a primeira coisa que a mente do seu "eu inferior" e a sua personalidade que pensa em excesso fará é criticar sua aparência. Não importa quem você seja, ela vai começar a criticar. Aprender a admirar o seu reflexo, seu corpo, no espelho pode ser uma ótima coisa a se fazer em outro momento, mas esse não é o processo. Essa técnica não se trata de olhar seu corpo, mas de se conectar à pessoa por trás dos seus olhos.

💡 Outro jeito de fazer o processo de autopercepção

Quando a tendência de criticar seu corpo é grande demais, também é possível fazer o processo de autopercepção com os olhos fechados. Essa prática também funciona muito bem se você não consegue dormir: apenas mantenha-se nos olhos da mente enquanto cai no sono. Ninguém conhece você como si mesmo, e só você sabe exatamente como tratar-se com amor.

1. Deite-se na cama ou se sente em uma cadeira confortável e feche os olhos;
2. Em sua mente, veja-se parado perto da pessoa que você conhece como você, olhando para si mesmo, como se estivesse com um amigo. Você está vendo a pessoa de quem foi solicitado cuidar — mas você tem cuidado de si mesmo?;
3. Veja a si mesmo recebendo um abraço amoroso. Nenhuma palavra é necessária, apenas abrace a si mesmo, em sua imaginação, e relaxe. Você não precisa lutar por esse amor ou merecê-lo. Você é amado, assim como é.

Uma pessoa que participou de um dos meus grupos contou que costuma fechar os olhos e se abraçar mentalmente enquanto está no banho, e disse que o momento ficava ainda mais revigorante quando conseguia conectar-se consigo mesma. Ela passou a ficar ansiosa pelo "processo do banho", como costumava chamar — e sempre se sentia banhada em amor por si mesma quando terminava, revitalizada e pronta para o dia (ou noite) adiante.

Seja um bom amigo para si mesmo

É importante se tornar um bom amigo para si mesmo. Um dos meus alunos disse que colocou um espelhinho de mesa ao seu lado, no meio da sua cama de casal, para dar conforto a si mesmo quando terminou um relacionamento. Ele se deitou, e foi como se estivesse deitado na cama ao lado de si mesmo. Nenhum sentimento de abandono ocorreu, porque ele tinha a si mesmo para confortar-se durante tudo aquilo. Ele começou a ver a outra pessoa como um parceiro com quem vivia. Sua solidão desapareceu, e ele começou a se sentir confiante sobre si mesmo e sua vida.

Essa história de ser seu próprio campeão e sua própria companhia pode parecer triste ou mesmo constrangedor no início, mas é transformador e o torna muito atraente, em todos os sentidos. Se você consegue ser gentil com a pessoa que é, isso cria autoconfiança; essa vibração se expandirá, e você se tornará irresistível e incrivelmente requisitado. Haverá "alguma coisa especial em você". Conheço um rapaz que fez isso, e ele credita esse processo a deixar de ser visto como uma pessoa aleatória na rua para se tornar um modelo de popularidade.

Pessoas que se sentem ignoradas ou não apreciadas esquecem que são elas que mais ignoram a si mesmas, sem perceber seu próprio valor. Essa técnica vai mudar tudo isso. Dê a si mesmo o apreço e a validação que está procurando nos outros. Ter poder é decidir dar a nós mesmos o que estamos procurando nos demais.

Uma pessoa veio até mim e disse que acredita que você dá o que recebe. Ela era tão gentil com as pessoas e, mesmo assim, um indivíduo a maltratava. Perguntei a moça como ela tratava a si mesma. De repente tudo fez sentido. Ela percebeu que não

O PROCESSO DE AUTOPERCEPÇÃO TRATA DE PERCEBER QUE VOCÊ TAMBÉM É UMA PESSOA PARA SE AMAR. estava sendo gentil consigo em seu diálogo interno. Ela se esquecera de que era um indivíduo e, assim, pelo processo de autopercepção, percebeu que podia usar o que estava acontecendo para parar de se maltratar (não para desculpar a pessoa que a maltratava) e encarar a situação como um convite para se amar mais.

Pergunte o que a pessoa dentro de você quer

Se está inseguro sobre se envolver em um determinado relacionamento ou tomar uma decisão, dê um passo para longe de si e olhe para a pessoa dentro de você. Pergunte a si mesmo: "É gentil levar (coloque seu nome aqui) até esse lugar?". Veja a si mesmo como alguém separado de você, faça uma pausa, escute a resposta e pergunte a si mesmo. Por exemplo: "Qual seria a melhor forma de tratar (coloque seu nome aqui) agora? Colocar (coloque seu nome aqui) na cama? Ou pedir uma refeição incrível para (coloque seu nome aqui), ou comprar para (coloque seu nome aqui), uma roupa maravilhosa?".

Quando está pensando que decisão deve tomar, pergunte a si mesmo: "Se eu fizer isso, estarei demonstrando amor-próprio?". Pergunte a si mesmo: "Devo colocar (coloque seu nome aqui) nessa situação e apresentá-lo a essa pessoa?". É uma atitude de respeito próprio interagir com essa pessoa ou mesmo passar mais tempo com ela? Você levaria alguém que ama até lá? Pergunte-se: "É carinhoso comigo mesmo? É carinhoso com eles?". E então sinta a resposta.

Recupere seu poder
💡 Botão mágico

Essa técnica é um jeito rápido de deter aqueles pensamentos maníacos e ansiosos, que às vezes aparecem quando nos sentimos sem controle de uma situação e dependentes do comportamento de terceiros. Trata-se de recuperar seu poder.

Comece escrevendo as coisas que *acha* que quer que aconteçam e que estão impedindo você de se sentir bem. Deixe-me mostrar como essa técnica funciona dando um exemplo: você acha que deseja que uma certa pessoa telefone e diga que você é especial, que ela o ama e o aprecia. Por exemplo:

"Mark, me ligue e diga que sou bonito, cativante, incrível e que tem vontade de me ver o tempo todo."

Você fica sentado, esperando, e isso não acontece. Ele não telefona. Ele não parece se importar. Você sente uma sensação de naufrágio. Seus pensamentos ficam sobrecarregados. Você sente que não é bom o bastante, atraente o bastante etc., e então realmente precisa que ele ligue para você. E ele não telefona.

Você pega um pedaço de papel e escreve estas palavras: "Mark, me ligue e diga que sou bonito, cativante, incrível e que tem vontade de me ver o tempo todo".

Faça uma linha embaixo dessas palavras. Isso é o que você gostaria que acontecesse se pudesse apertar um botão e fazer acontecer. Embaixo, escreva: "Eu quero me sentir...".

Agora, liste como você imagina que se sentiria se Mark ligasse para você e lhe dissesse essas palavras: que ele acha você incrivelmente bonito, cativante e incrível, que deseja ver você o tempo todo e assim por diante. Escreva como se sentiria se Mark lhe dissesse que está totalmente apaixonado por você e que é o parceiro ideal dele. Continue escrevendo as palavras "Eu quero me sentir..." linha após linha, acrescentando novos sentimentos conforme avança. Por exemplo:

- Eu quero me sentir atraente;
- Eu quero me sentir respeitado;
- Eu quero me sentir reconhecido;
- Eu quero me sentir amado.

Continue assim por toda a página, escrevendo os sentimentos que teria se isso acontecesse:

- Eu quero me sentir bem comigo mesmo;
- Eu quero me sentir lindo;
- Eu quero me sentir elegível;
- Eu quero me sentir seguro;
- Eu quero me sentir amado;
- Eu quero me sentir respeitado e especial;
- Eu quero me sentir como se fosse um presente de Deus;
- Eu quero me sentir livre.

Continue escrevendo e identificando mais e mais sentimentos. Lembre-se: você não está tentando sentir esses sentimentos, apenas quer identificar os sentimentos que acha que acredita sentir, e que sentiria se o que quisesses realmente acontecesse.

Quando terminar, responda a estas perguntas:

1. Se essa situação acontecesse (se Mark ligasse e dissesse que você é incrível etc.), você tem certeza absoluta de que você se sentiria exatamente assim?
2. E, se tivesse escolha, você gostaria que a situação acontecesse ou preferiria sentir o que escreveu na lista "Eu quero sentir..."?

Consiga o que você realmente quer

A lista de sentimentos que escreveu mostra o que você realmente quer. Você acha que se conseguisse o que quer (nesse caso, que Mark ligue) teria todos esses sentimentos... E poderia, mas não por muito tempo, já que provavelmente já se sentiu assim em outro momento da vida. Em outras palavras, você tem um ponto fraco no assunto e está propenso a desmoronar em um excesso de pensamento.

Quando temos um ponto fraco na nossa autoestima, escolhemos alguém como Mark, que não está a fim de nós. Ou Mark estará a fim de nós, mas não estará presente em alguns momentos — quando nos sentirmos carentes, por exemplo — porque queremos saber onde temos pontos fracos. Não temos ideia do que está acontecendo na vida de Mark, mas podemos ter certeza de que, de certa forma, ele está nos espelhando.

Não é que ele não se importe conosco, somos nós que não nos importamos conosco; "ele" está simplesmente refletindo nossos desejos. É por isso que quando está se sentindo empoderado e amando a si mesmo, você se ilumina — e ele fica a fim de você.

Então, quando alguém de quem você gosta não liga de volta, ou parece desinteressado, sua autoestima deveria mesmo despencar ou você deveria sentir que talvez ele não fosse páreo para sua grandeza?

No primeiro exemplo, você pode se ressentir da outra pessoa, porque considera que a decisão dela é baseada no seu valor, quando nunca é. No segundo, você pode rapidamente deixá-la para lá e seguir em frente, e até desejar que fique bem. Mas a outra pessoa não fez nada diferente — trata-se apenas da sua opinião sobre si mesmo. Assuma a responsabilidade pelo seu nível de autoestima. Se estiver se sentindo desejável, você vai se sentir bem. Por isso, essa situação é apenas uma oportunidade para treinar uma autoconfiança inabalável e seu amor-próprio, assim como você gostaria. Deixe a outra pessoa fora disso — é você que importa. O comportamento da outra pessoa está mostrando o que você não dá para si, e é um incentivo para que se dê mais dessa qualidade.

Esse processo é mais útil em situações nas quais você sente que perdeu poder ou que alguém ou alguma coisa tem que mudar para que se sinta bem. Por exemplo, você pode usar esse processo em um relacionamento difícil — com um amigo com quem se desentendeu, com seus pais, com um colega de trabalho ou chefe valentão — ou com alguém que está se comportando de um jeito diferente do que você acha que deveria. Também é possível usar esse processo para situações como não conseguir o emprego que gostaria ou quando algo é diferente do jeito que você gostaria que fosse. As pessoas gastam tempo de suas vidas tentando manipular as demais para se comportarem de tal maneira. Às vezes, dá certo por um tempo, mas em geral não. Isso não é o suficiente para que você se sinta bem de maneira consistente — e o botão mágico o faz ver que essa situação o alertou para onde você precisa se amar mais. Se pudesse ter o sentimento, você teria o que quer sem que nada mais precisasse mudar, e então a vida espelharia tudo isso.

Lide com emoções intensas e difíceis de relacionamento
💡 Gatilho de relacionamento

O gatilho de relacionamento é a técnica mais poderosa que já encontrei para lidar com emoções agudas que tendem a aparecer em um relacionamento romântico que "deu errado". É algo que você pode fazer durante uma tempestade emocional e, com frequência, proporciona calma instantânea. Com a prática, você ficará muito mais confiante para entrar em um relacionamento — apto para lidar com o que aparecer.

Como muitas pessoas, eu costumava ficar bastante assustado com os sentimentos que apareciam quando um relacionamento estava prestes a chegar ao fim: sentimentos que me deixavam muito inseguro dentro de um relacionamento, preocupado sobre o que fazer caso algo "desse errado". Algumas pessoas se sentem muito mal quando o parceiro faz algo que elas não estavam esperando, como ser desonesto ou mesmo dar um passo atrás no relacionamento. Esses sentimentos de decepção ou abandono podem ser intensos.

A maioria das músicas de maior sucesso tratam desse sentimento (canções de amor raramente são sobre amor), então não há nada do que se envergonhar. É só um daqueles sentimentos que você não gosta de admitir, por isso parece que você é o único que passa por isso. Por muito tempo, eu não conseguia descobrir por que questões de relacionamento pareciam tão intensas quando comparadas a outros assuntos.

Se você está nessa situação, primeiro lembre-se de que está tudo bem se sentir mal quando alguém o evita ou o ignora — em especial se essa pessoa não diz o motivo. É uma força sentir essas coisas, mostra que você é genuíno, que se importa e que está em um lugar melhor do que imagina. Você quer pedir (quase como se fosse uma oração, na lista do poder supremo) por perseverança e paciência. Não fuja dos sentimentos e da dor; todas as grandes jornadas trazem sensações intensas consigo. Veja-se entregando essa dor e essa confusão de emoções para seu "eu real" (ou algum poder supremo) supervisionar a situação. Imagine um elixir derramando-se sobre seu plexo solar e fortalecendo-o.

Às vezes, temos sentimentos dolorosos porque alguém com quem começamos a sair de repente para de telefonar. Nesse caso, você pode dizer para si mesmo que nem sequer conhecia a pessoa direito e que, portanto, "não devia se sentir devastado e que está sendo dramático" — mas essa resposta ainda é um autoataque. Está tudo bem com seus sentimentos; aceite sua reação e a si mesmo.

> ESTÁ TUDO BEM ME SENTIR COMO ME SINTO. ESTÁ TUDO BEM REAGIR COMO REAJO.

Não se trata da outra pessoa

Quando esse sentimento de desespero aparece, você pode sentir como se o mundo estivesse acabando. Pode funcionar como abstinência de drogas, a confusão aparece quando pensamos que precisamos daquela pessoa de volta para sermos felizes. Isso é uma ilusão. O sentimento de abandono ou carência que você tem não é um chamado para a outra pessoa, mas para você. Para a parte de você que está pedindo para ser aceita. É um chamado para o amor-próprio. É por isso que esse sentimento se move de pessoa para pessoa. Esse sentimento de abandono não tem nada a ver com o atual relacionamento ou com determinada pessoa, apesar do que parece. É só um incentivo para você se amar mais.

> COSTUMAMOS CULPAR OUTRA PESSOA POR UM GATILHO DOLOROSO, INCLUINDO-A NA SITUAÇÃO. MAS, NA VERDADE, SOMENTE NÓS E NOSSO GATILHO QUE DEVEMOS NOS RESOLVER.

💡 Como usar o gatilho de relacionamento

Seus sentimentos foram desencadeados por um relacionamento. Você se sente sobrecarregado. Tem aquela sensação no estômago ou no peito, não consegue se concentrar e sente que tiraram seu chão. Agora é o momento de fazer este processo:

1. Vá para um lugar seguro, onde possa fechar os olhos. Segure um travesseiro, uma almofada ou mesmo um brinquedo macio;
2. Segure o travesseiro no local em que está sentindo ansiedade. Isso vai proporcionar alívio;
3. Imagine que o travesseiro é seu "eu interior" criança, que quer ser amado e abraçado. Lembre-se de inspirar e expirar profundamente enquanto segura essa versão de você. Fique segurando "você" até sentir alívio. Caso perceba que sua mente está tentando fugir com seus pensamentos, apenas traga-a de volta e segure a criança interior. Volte

à pessoa dentro de você. Conforte-a. Dê a si mesmo — a essa pessoa — sua atenção completa;

4. Toda vez que pensar na pessoa ou nas pessoas que são o motivo pelo qual você está fazendo esse processo — aquelas que não fazem você se sentir bem —, apenas jogue um cobertor imaginário sobre elas e volte a dar a si mesmo sua atenção completa. Está tudo bem se sentir como se sente. Dê as costas para essas outras pessoas e histórias e aceite a criança interna. Você está abandonando a si mesmo ao embarcar na história delas — em vez disso, escolha você;

5. Perceba como a mente quer divagar, mas nesse processo preocupe-se apenas com você. Segure a si mesmo e deixe todas as histórias sobre o mundo de lado. Deixe as histórias fora disso, cubra-as com um lençol de nuvens e apenas abrace a si mesmo. Palavras não são necessárias;

6. Continue fazendo esse processo até se sentir reconfortado e de volta ao seu "eu real". Assim que se sentir aliviado, o que pode levar alguns minutos ou mais, o processo está encerrado, e você pode se levantar e seguir com o restante do seu dia.

Lembre-se: esse processo não trata de outras pessoas. Sua atenção pode ir até elas, e as histórias delas continuarão a aparecer. Mas retorne à respiração. Na sua mente, jogue um lençol sobre as pessoas e sobre a situação. Continue jogando um lençol sobre elas, sobre seu ombro, por assim dizer, enquanto dá a si mesmo atenção completa e amor.

A fonte de sua dor é o abandono de si mesmo. Essa situação que o perturbou é um presente: ela não causou a dor, só disparou algo que já estava lá. É abandonar a nós mesmos que causa dor; não tem nada a ver com a outra pessoa ou com a situação. Com toda dor de relacionamento é assim, embora as pessoas pensem que é por causa da outra pessoa que as abandonou.

> CONTINUE SE LEMBRANDO DE PERMANECER DENTRO DE SI. CONTINUE ABRAÇANDO AQUELA CRIANÇA INTERNA. ESSE AMOR É SEU ESCUDO.

Quanto mais fizer esse processo, mais fácil ele será e mais ele fortalecerá seu amor-próprio. Da próxima vez que sentir ansiedade por causa de um relacionamento, você imediatamente verá isso como um chamado da sua criança interior para que você a ame mais, para que seja um guardião para ela. E você deixará todos de fora disso. Dessa forma, você se tornará mais empoderado, mais livre e menos "carente". Poucos acontecimentos vão causar esses sentimentos, por isso você não precisará fazer esse processo tantas vezes. Você perceberá que essas experiências de abandono só acontecem para despertá-lo para o fato de que está abandonando a si mesmo. Assim que der a você o amor de que precisa, as situações que encontrar no espelho da vida serão naturalmente mais amorosas e respeitosas.

- Use o botão mágico para mostrar a si mesmo que o que você realmente quer é um sentimento, e não que alguém mude;
- Compreenda e reconheça a pessoa incrível que há dentro de você com o processo de autopercepção;

- Acalme e limpe quaisquer padrões de abandono usando o gatilho de relacionamento. Cada vez que tiver a sensação impotente de abandono, dê a si mesmo o apoio incondicional que tem esperado de outras pessoas.

Semana 4

SEJA MAIS VOCÊ

Quando somos nós mesmos, não há competição, encontramos nosso caminho e nossa tribo — e a vida flui. Sermos nós mesmos impede que pensemos em excesso e nos mantém naquele espaço empoderado e confiante.

A essa altura, você tem todas as ferramentas de que precisa para limpar sua mente e para desenvolver autoconfiança e apreço por si mesmo. Leva tempo para ficar bom nisso, então seja paciente e gentil consigo enquanto aprende essa nova abordagem. Lembre-se: tudo bem que você não esteja centrado, que comece a pensar em excesso ou que nem sempre aceite o lugar em que está. Está mais do que tudo bem, pois isso aqui é um treino.

Se está em paz, se deixou para lá, está com a mente lúcida — você andou praticando as técnicas anteriores diariamente —, então é hora de passar para as técnicas finais, para não ficar preso ao passado ou voltar aos antigos hábitos de pensar em excesso. A mente do "eu inferior" gosta de pensar, é isso o que a alimenta. Se você perceber que está em paz e mesmo assim estiver querendo voltar a pensar, é provável que esse desejo venha da mente do "eu inferior".

> SUA MENTE PODE QUERER VOLTAR A PENSAR NO PROBLEMA SOB O PRETEXTO DE FICAR EM PAZ, MAS VOCÊ JÁ SE RESOLVEU COM ELE.

A lista do poder supremo (ver a página 42) funciona bem se você está se sentindo sobrecarregado. Mas se está se sentindo com a mente lúcida, você pode querer parar de fazê-la diariamente, a menos que seja levado a isso. Mas não abandone o que veio antes. Quando abrir mão do seu poder, reconquiste-o com o botão mágico (ver a página 111) e com o gatilho de relacionamento (ver a página 115). E lembre-se de amar quem você é, treinando para encontrar um autorreflexo ao longo do dia com o processo de autopercepção (ver a página 104).

A gratidão (que inclui a lista "O que há de bom em...", ver a página 75, e a evocação de confiança, ver a página 96) e a meditação de ponto focal (ver a página 47) podem ser como o dia de exercício de cardio na academia — algo que você não queira particularmente fazer, às vezes até quer evitar, mas vital para conseguir os resultados que deseja. O que estou dizendo é: mantenha essas práticas de base e siga para as próximas técnicas.

Essa semana trata de manter a confiança que vem desenvolvendo nas semanas anteriores. Agora, você está com a mente lúcida e pronto para ir ao próximo nível. A primeira prática, âncoras para se libertar (declarações), mantém você ancorado em sua confiança e impede que toda aquela bobagem do falatório interno retorne.

Então, aprenderemos uma maneira de lidar com aqueles desejos por coisas que você ainda não conseguiu ou que parece longe de conseguir por meio do processo de retrospectiva. Por fim, chegaremos ao painel de estrelas, que é um lembrete visual do que você ama e de como viver a vida ao máximo.

> Técnicas e ferramentas estarão marcadas com o símbolo de uma lâmpada ♀ e serão introduzidas ao longo do curso. O ideal seria fazer, pelo menos, três práticas por dia, mas faça da melhor forma para você. No final do curso, na página 150, você pode encontrar uma tabela com todas as ferramentas e as práticas propostas, e pode usá-la para criar seu próprio plano diário.

Permaneça centrado e assuma o poder
♀ Âncoras (declarações) para se libertar

Conforme termina a meditação e as técnicas escritas, você pode perceber que sua mente está propensa a se desviar para o falatório interno. Algumas vezes, esse falatório vai chamar sua atenção. E embora possa não ser tão intenso quanto era — e, dessa vez, você tem ferramentas para lidar com isso —, há uma saída para a situação.

Embora possa ser difícil controlar seus pensamentos, as palavras que você fala tendem a ser controladas com mais facilidade. Essa prática trata, portanto, de usar de forma deliberada suas palavras. Repetir palavras mentalmente é um bom jeito de manter sua atenção e prevenir divagações, em especial quando você está fora de casa e não consegue fazer a meditação de ponto focal (que requer fechar os olhos). As palavras são uma âncora, algo sólido para segurar e transformar em um ponto focal, às vezes, mais tangível do que a respiração, uma imagem ou um som.

É normal que as pessoas confundam dizer palavras com pensar em palavras, mas são coisas totalmente diferentes. Dizer palavras em voz alta (ou mentalmente) é como um arado que empurra a neve dos pensamentos. Como muitas das técnicas que compartilhei até aqui, as âncoras para se libertar (declarações) vão ajudá-lo a focar em algo que não seja seus pensamentos.

É muito fácil cair nos pensamentos. Escolher palavras, em vez de dizê-las, pode exigir um certo esforço. Trata-se de escolher falar palavras e impedir sua mente de vagar até os pensamentos, e não de escolher ir para os pensamentos e permitir que eles prendam sua atenção.

💡 Como usar as âncoras para se libertar

Antes de começar, escolha sua declaração — a afirmação que levará consigo ao longo do dia, repetindo-a sem parar quando sua mente correr o risco de divagar no falatório mental negativo. Não importa que frase você escolha, assegure-se de que seja relaxante e empoderadora. Algo que você possa repetir várias vezes sem pensar muito nela. Somos todos diferentes, e é por isso que você precisa encontrar uma frase para si.

Uma maneira de chegar à sua frase é assim: escolha um substantivo — você pode escolher "homem", "mulher" ou "pessoa" —, qualquer palavra com a qual se sinta confortável e que o descreva. Depois, encontre adjetivos e acrescente-os. Faça sua declaração no tempo presente, por exemplo: "Sou uma pessoa bonita, forte, conectada, poderosa, amada, bem-sucedida, carinhosa, saudável e atraente". Continue assim, encontrando adjetivos para colocar diante do substantivo escolhido. "Sou uma pessoa bem-sucedida, dinâmica, atraente, bonita, forte, poderosa, sexy, saudável, feliz, abençoada, amada, carinhosa, confiante". Algumas pessoas gostam de frases mais curtas, já que são mais fáceis de lembrar, outras gostam de frases mais longas e mais complexas, para que realmente tenham que se concentrar ao repeti-las. Isso mantém suas mentes sob controle de forma poderosa e as impede de divagar. Faça como parecer certo para você. Essa é sua afirmação ou declaração. Seja criativo e deixe as palavras fluírem. Por exemplo:

"Amo minha vida maravilhosa, sou feliz e livre. A vida está ao meu lado. Nada pode me limitar, e as bênçãos todas estão ao meu redor. Está tudo bem na minha vida. Abençoo todos que conheço, minha vida é incrível. Obrigado pelas bênçãos a mim e aos meus entes queridos. Sou amado, adorado e abençoado. Todos meus entes queridos são amados, adorados e abençoados."

"Sou forte, confiante e atraente. Tudo em que me envolvo é um sucesso. Todas as partes da minha vida estão em equilíbrio. Todos ao meu redor encontram um caminho e são empoderados, felizes e bem-sucedidos."

Às vezes, as pessoas me pedem para ajudá-las a criar uma declaração, mas é importante fazer isso sozinho e usar ideias que surjam de você. Seja espontâneo e criativo. Escreva seu próprio roteiro, depois repita-o até memorizá-lo e leve-o consigo ao longo do dia. As declarações não servem para tentar pensar ou para lutar para ser algo que você não é (o que o levará aos pensamentos). Então, é melhor você não usar "sou atraente e lindo" se tem problemas intensos com sua imagem corporal no momento. Se está pensando na sua falta de dinheiro, é melhor deixar a palavra "rico" fora da lista, já que isso pode ser uma tentação para pensar em excesso. Caso se sinta inseguro, deixe "confiante" de fora por enquanto. Escolher declarações em áreas que o incomodam muito neste momento pode ser realmente difícil.

AS DECLARAÇÕES O MANTÊM CENTRADO; SÃO SUA ÂNCORA PARA SER LIVRE.

As declarações servem como um ponto de foco (palavras) para manter sua atenção e prevenir que sua mente divague em pensamentos negativos, não para fazê-lo pensar mais. São para mantê-lo ancorado em uma pista "superconsciente". Então, ao escolher sua declaração, assegure-se de que seja algo que você já sabe ser verdade, ou pelo menos algo de que você não desconfia. Dessa forma, seus pensamentos não vão discutir com a declaração que está falando. Por exemplo, se você já sabe que é um artista talentoso, então pode usar a frase "sou um artista talentoso". Ou se você já sabe que tem potencial para ser um ator de sucesso e, de várias maneiras, está fazendo isso como meio de vida, a frase "sou um ator de sucesso" pode funcionar como sua declaração. Traga palavras que descrevam sua carreira atual: "sou um escritor campeão de vendas, bem-sucedido, amado, popular etc.". A chave é não acrescentar nada em que você não acredite de verdade ou algo sobre o qual se sente carente. Trata-se de declarar o que você já sabe que é verdade e o que parece fácil e animador no momento. A chave é repetir sua frase sem parar, até se sentir seguramente ancorado em um estado mental confiante. É mais difícil do que parece.

Como muitas dessas práticas, o começo é o momento em que o falatório mental vai tentar convencê-lo a parar com isso, dizendo: "qual é o objetivo disso?", "que desperdício de tempo", "isso não funciona" ou "isso é chato"; mas continue em frente. Qual a alternativa? Aonde seu falatório interno absurdo o levou até agora? Toda essa oposição é apenas o falatório impedindo você de alcançar o que quer. Então, mantenha-se firme na declaração e vá em frente até que ela o eleve acima do pensamento. Atrás do falatório estão todas as novas percepções e ideias pelas quais procura — então, não é como se as declarações o levassem a um estado de vazio. De fato, muitas pessoas me relataram que tiveram ótimas ideias ao usarem as declarações para limpar a mente.

> COMO UM AUTOFALANTE TRANSMITINDO UMA MENSAGEM IMPORTANTE, ESSE PROCESSO NÃO SE TRATA DE EMOÇÕES OU PENSAMENTOS, MAS APENAS DE FALAR EM VOZ ALTA AS PALAVRAS COM CONFIANÇA. LEVE SUAS DECLARAÇÕES A SÉRIO, E REPITA-AS SEM PARAR.

Você já está aqui... E agora?
💡 Processo de retrospectiva

Vai parecer que o curso está mudando de foco, procurando criar uma vida melhor no futuro, em vez de desfrutar o hoje — mas é só impressão. A visualização tem tudo a ver com aproveitar ao máximo o agora, e é outro processo para ajudá-lo a desfrutar o momento presente.

Em geral, técnicas convencionais de visualização nos pedem para imaginar nossa vida como queremos que ela seja, nos dizendo que, se repetirmos essas imagens com frequência suficiente, elas vão se concretizar. Não que eu discorde dessa teoria, mas, na prática, não funciona muito bem.

Poucas pessoas que conheci conseguiram viver na sua visão de modo consistente, como se ela fosse real, porque visualizar nossos sonhos como se fossem reais pode nos fazer mergulhar na dúvida e na descrença. Se esse é o seu caso, você não está sozinho. Caso leia a biografia daqueles mesmos mestres famosos na visualização, verá que tampouco isso funcionou para eles. Eles também acharam mais difícil do que parece.

O problema é que, com frequência, a visualização nos mantém afastados do momento presente e do pensamento excessivo. E o "fingir até ser verdade" se torna um jogo contínuo de fantasia. Você sabe que aquilo não é real, e sua vida também sabe. Em vez disso, você precisa se libertar das suas ambições e desejos para o futuro antes de poder apreciar de forma autêntica sua vida atual. Nesse ponto entra o processo de retrospectiva, que o ajudará a se desvencilhar dos seus desejos, para que possa continuar amando sua vida. Isso não tira poder dos seus desejos, somente coloca-os em seu lugar, deixando você livre para

> A VISUALIZAÇÃO BEM-SUCEDIDA TEM A VER COM APROVEITAR AO MÁXIMO O AGORA; É OUTRO PROCESSO PARA AJUDÁ-LO A DESFRUTAR O MOMENTO PRESENTE.

desfrutar o momento presente, o que é a chave para levar sua melhor vida.

💡 Como usar o processo de retrospectiva

Todos temos uma lista "Serei feliz quando...", mas em geral ela nos impede de vivenciar o grande potencial do hoje. Com essa atitude, tudo o que você recebe de volta é uma sensação constante de esperar que sua vida aconteça. Mesmo sabendo disso, ainda temos nossa lista "Serei feliz quando...". Está tudo bem, o processo de retrospectiva vai mostrar o que fazer com essa lista.

Pegue um pedaço de papel e faça um linha horizontal no meio da página. No espaço de cima, faça uma lista de todas as coisas que você realmente quer que ocorram (sua lista "Serei feliz quando..."). Pode ser o relacionamento dos sonhos, dinheiro suficiente no banco ou seu corpo ideal. O que quer que lhe venha à mente. O que quer que você deseje — e isso significa todos os seus desejos — é o que o impede de ser completo nesse momento. É como se um poder supremo estivesse lhe dizendo: "o que posso fazer para ajudá-lo a desfrutar plenamente de sua vida hoje?". Anote tudo aquilo que, se tivesse, faria você relaxar.

Pergunte a si mesmo: "O que eu quero? O que precisa acontecer para que eu desfrute plenamente o presente?". Anote tudo.

Continue escrevendo o que lhe vier à mente, até as coisas das quais você não sabe como poderiam acontecer hoje. Cada vez que pensar em algo que quer — e que dificilmente terá hoje (impedindo-o de aproveitar o momento presente) —, apenas anote na parte de cima da linha. Passe alguns instantes analisando a sensação de cada um dos itens, como se tivessem sido realizados.

Permaneça na lista. Acrescente mais alguns detalhes a cada item. Você não está anotando isso porque algum poder supremo precisa dos detalhes — eles são seus. Você pode relaxar sabendo que alguém está cuidando disso; que você se sente respondido, ouvido. Anote também métodos para acalmar os medos de que alguém possa impedi-lo de desfrutar o momento presente. Por exemplo:

- Ser o número um no que faço;
- Ter dinheiro suficiente para comprar duas casas;
- Sair nas revistas;
- Ter amizades e relacionamentos incríveis;
- Ter um apartamento no centro da cidade — contrato assinado;
- Ter uma nova câmera fotográfica;
- Que Julia faça uma ótima viagem e resolva seu relacionamento;
- Encomendar uma Maserati;
- Que Stephanie tenha uma saúde perfeita;
- Ter um relacionamento maravilhoso com minha alma gêmea;
- Poder mobiliar o meu apartamento;
- Ter um corpo definido e musculoso.

A lista do que você deseja é o motivo pelo qual está fazendo a maioria das coisas que faz. Você passa a maior parte do dia pensando nesses objetivos. A maior parte das coisas que você faz não é por diversão, mas para tentar realizar sua lista. Sua vida gira em torno de alcançar esses planos, mas isso não está funcionando, pois eles parecem estar sempre a um passo de distância. Essa prática consome boa parte do seu tempo, fazendo-o pensar nas coisas que quer e em como alcançá-las — tempo que você vai desocupar. Então, continue escrevendo a lista. Qualquer coisa que quiser que seja diferente, que precise ou queira, o que vier à sua mente, tudo o que estiver no caminho para que você possa desfrutar plenamente o hoje, coloque na parte de cima da folha.

Agora, escreva na metade inferior da página a seguinte frase: "E agora"? Pergunte a si mesmo: "O que eu faria hoje se tivesse realizado tudo o que quero"?

Essa é sua lista de coisas para fazer, presumindo que já tem o que acabou de anotar. Talvez você tenha que sentar e esperar um pouco as ideias surgirem. Se tivesse o que quer, você não ficaria sentado para sempre só abrindo garrafas de champanhe. Há uma vida a ser vivida.

Digamos que você já é aquele ator famoso que estrelou um filme no cinema, um barbeiro com uma lista de espera lotada ou qualquer outra coisa. Você conseguiu aquele corpo de fisiculturista campeão. O que você vai fazer hoje?

> O PROCESSO DE RETROSPECTIVA PRETENDE NOS LEVAR PARA AQUELE MOMENTO ALÉM DO NOSSO SONHO, E DEPOIS NOS FAZER OLHAR PARA ATRÁS.

Escreva as palavras "e agora?" e sublinhe-as; depois, liste uma tarefa por vez. Agir é a declaração, que traz imediatamente aquela sensação de ser o que você quer ser. Por exemplo:

- Pintar;
- Comprar comida e café naquela nova cafeteria;
- Cortar o cabelo;

- Assinar aquela revista;
- Comprar um caderno novo para escrever o que quero;
- Gratidão 150;
- Meditação de ponto focal;
- Usar minha roupa nova.

Algumas pessoas adiam ir a um determinado restaurante ou então se vestir de certa forma apenas porque pensam que devem esperar que seus sonhos se tornem realidade antes de fazer essas coisas. Adiar a vida, permitindo que a ambição atrapalhe o prazer de hoje, também bloqueia seu sucesso. Depois de colocar seus desejos na metade de cima da folha e escrever o que pode fazer em sua lista "E agora?", você deve fazer o que quer fazer hoje mesmo. Sim, você sairá da sua zona de conforto, mas faça mesmo assim. Claro, se há algo na sua lista "E agora?" que seja caro ou fora de alcance para você nesse momento, coloque na parte de cima (não estou encorajando você a estourar o limite do cartão de crédito).

> TODA VEZ QUE PENSAR EM ALGO QUE ESTÁ ALÉM DOS SEUS RECURSOS ATUAIS, COLOQUE NA PARTE DE CIMA DA FOLHA.

No exemplo, escrevi que o carro seria "encomendado" e que o contrato da propriedade já foi "assinado", então interagir com isso não é mais uma opção. Não dá para colocar "dirigir meu carro novo" ou ainda "ir para minha nova propriedade" na lista "E agora?", afinal, você deseja algo diferente do que escreveu na parte de cima. Então, presuma que tem o que quer e então faça algo que não esteja relacionado diretamente a isso. Algo que você faria assim que a animação pela conquista se acalmasse. Então, imaginando que você tenha encomendado o carro, escreva em sua lista "E agora?" que vai sair para caminhar ou ir a uma cafeteria das redondezas.

Quando remove os bloqueios dos seus desejos, você consegue ver a vida (às vezes, pela primeira vez). Você consegue ser você. Ao usar esse processo, ficará muito mais feliz, satisfeito e em sincronia com seu "eu real", que lá no fundo é o que muitos de nós estamos procurando. Comece a se concentrar em ter ainda mais ideias para a lista "E agora?" do processo de retrospectiva. É hora de começar a desfrutar ainda mais sua vida como você mesmo. É interessante e incrível como muitas pessoas não são elas mesmas na vida, e acabam perdendo uma grande parte dela. Você vai descobrir do que realmente gosta e como quer gastar seu tempo. Quando sentir esse entusiasmo, suas experiências de vida vão subir para um nível totalmente novo.

Seja plenamente você
💡 Painel de estrelas

Se colocar todas as pessoas que considera bem-sucedidas em uma, uma ao lado da outra, você verá que todas têm alturas, formas e tamanhos distintos, aparências diferentes e personalidades variadas. Algumas falam muito e são a alma da festa. Outras são mais quietas e reservadas. Você acabará sem saber qual é o segredo que as coloca na mesma categoria de bem-sucedidas. Se perguntar a elas, provavelmente cada uma lhe dirá um método totalmente diferente para alcançar o sucesso. Mas há uma coisa que todas têm em comum: essas pessoas são elas mesmas, são

SER MAIS VOCÊ É O SEGREDO DO SUCESSO QUE ESTÁ PROCURANDO. menos competidoras. É o que as torna memoráveis e inesquecíveis. Não é que elas estejam trabalhando mais pesado que os demais — se fosse esse o caso, se aposentariam assim que ficassem ricas.

Elas são bem-sucedidas porque são elas mesmas — o que certamente é o emprego dos sonhos de qualquer um. Elas são literalmente pagas para serem elas. Então, não se trata de melhorar, de desenvolver sua personalidade ou de criar uma vida diferente. Trata-se de ser você — sem acréscimos ou conserto. Ser você mesmo agora é o que procura. Não fazer isso ou aquilo até estar pronto "e depois ser eu mesmo". Parece fácil "apenas ser você". Então, por que não é?

Preocupação com o que os demais pensam

O que nos impede de sermos totalmente nós mesmos, em geral, é o medo que sentimos do que as pessoas vão pensar. Ser você preenche o espaço que anteriormente era ocupado pelo pensamento. Ser você mesmo é uma experiência grande e expressiva que ocupa espaço.

Isso não significa que você seja barulhento ou expressivo — algumas pessoas que estão sendo completamente elas mesmas têm um comportamento frio e calmo. No entanto, seu interior está repleto de "você", como um balão que foi inflado ao máximo, sem deixar espaço para a mente do "eu inferior" e seus pensamentos. Você não está pensando, está sendo — não há espaço para pensar.

Ser você mesmo faz com que pare de pensar excessivamente, clareando a sua mente. É por isso que essa prática, o painel de estrelas, pede concentração em coisas que o animam, para impedir que a mente se ocupe de pensamentos do tipo: "O que eles vão achar disso"?

💡 Encontre as estrelas para seu painel de estrelas

Os interesses dinâmicos que você registrou em sua lista do poder supremo chegarão como ideias que apareceram de repente. Você pode já ter começado seus novos hobbies ou projetos. Dramas e problemas tentam atrair sua atenção, mas é seu interesse neles que o mantém preso na tempestade de pensamentos. O painel de estrelas é um lembrete das coisas que animam você — que o deixam mais empolgado que os dramas e os problemas.

A essa altura, se está usando as práticas de forma consistente, você se sentirá muito mais lúcido. Geralmente, são passatempos leves que estão mantendo-o no fluxo, como o empresário multimilionário que conheci dizendo que o segredo do seu sucesso era colecionar *suvenires* da sua série de TV favorita, *Star Trek*. Ele passava horas procurando uma peça rara ou esgotada para sua coleção, e isso o impedia de mergulhar no falatório interno. Era sua meditação. Nesse processo de encontrar o último boneco, um modelo de espaçonave, um gibi original ou o que quer que fosse, ele conseguia as mais incríveis ideias para seu negócio, elas simplesmente apareciam. Veja bem, não estou dizendo para você começar a colecionar *suvenires* de *Star Trek*. Esse era um interesse dele. Certamente, você encontrará o seu.

Depois de ancorar a mente, mova seu foco para aquela coisa que o anima e que o faz levantar da cama, seja uma missão, uma causa, itens de moda, caçar coisas para sua coleção, fazer esportes, ir atrás da sua carreira dos sonhos — o que quer que seja. Gosto de chamar essas coisas de "estrelas". O painel de estrelas é uma prancheta na qual você escreve uma lista de todas as coisas que ama e a coloca na parede para se recordar. É um incentivo para ativar seu apreço. Quando faz algo que ama com foco, você está vivendo no apreço. Está levando uma atitude de gratidão para seu dia. Ter um significado e um propósito é o próximo nível para preencher o vácuo que o excesso de pensamentos deixou.

DESCUBRA O QUE O FAZ QUERER SAIR DA CAMA PELA MANHÃ E FAÇA ISSO.

Uma estrela é uma ignição, uma fagulha de excitação que o faz voar ao longo do dia bem acima dos seus pensamentos, em uma pista "vencedora" da super-rodovia, onde o melhor da vida acontece. Encontre suas estrelas dinâmicas e se concentre nelas: algo que o excite mais do que seus problemas. Escolha estrelas que tenham a ver com seu propósito de vida, e as ideias para ações virão até você. Com elas, você poderá se envolver no momento perfeito. Assim, sua rotina matinal de deixar os pensamentos de lado passa o bastão para essas ações e você pode ser seu "eu real" de forma mais consistente ao longo do dia. A festa, o acontecimento excitante, é onde você está. O painel de estrelas o recordará disso.

💡 Crie seu painel de estrelas

Para essa técnica, você precisará de um pedaço de papel tamanho A4 ou maior. Também precisará de canetas de diferentes cores. Ao contrário das demais práticas, o painel de estrelas é algo que você faz uma vez só, como uma obra de arte. Você cria um painel de estrelas e o pendura. Mas pode modificá-lo de vez em quando.

1. Coloque o papel na posição paisagem;
2. Veja o que lhe vem à mente primeiro. Você está procurando suas estrelas — interesses e ideias que o animem;
3. Assim que decidir quais são suas cinco ou dez estrelas, escreva cada uma delas na página. Espalhe as palavras pelo papel, talvez em círculos ou nuvens. Faça uma estrela ao lado de cada palavra ou frase e, se quiser, desenhos perto das palavras, e imagine isso como sua obra de arte. Não importa se você se vê como um artista ou não, apenas use sua criatividade. Anote as ideias que o emocionam e que o fazem ser seu "eu real".

Não é para escrever coisas que você deseja no painel de estrelas — somente coisas que o animam. É uma experiência livre e descontraída que o manterá envolvido com a vida e se sentindo nas alturas. Nunca ouvi falar de alguém que tenha criado uma vida incrível sentado no canto, desejando coisas — porque isso fica chato muito rápido. Você precisa de algo mais dinâmico, e o painel de estrelas o levará à ação — é um quadro das coisas com as quais gosta de se envolver. Encontre as estrelas que representam as ideias com as quais você se anima.

Seja criativo com seu painel de estrelas. Acrescente cores, desenhos, torne-o atraente. E depois coloque-o na parede do seu escritório, por exemplo. Crie miniversões dele, em diferentes tamanhos. Conheço uma artista que transformou seu painel de estrelas em uma aquarela e depois fez cartões de visita com a imagem. Ela não entregou esses cartões para ninguém, só os espalhou em gavetas e armários por toda a casa para surpreender-se depois —

para aplaudir a si mesma, quando precisasse, ou para se lembrar do que ela era na vida. Talvez você queira fazer o mesmo. Não é necessário imprimi-los. Espalhe essas versões pela sua casa, de modo que as encontre de vez em quando, fazendo-o lembrar-se do que o faz feliz.

Cantar / Apresentações ao vivo

Finais de semana na cidade

Fazer pão / cozinhar

Jardinagem

Estilo vintage

Futebol

Aventuras ao ar livre

Revistas / Romances

Arte

Moda

Exemplo de um painel de estrelas

Quando se deleitar em ser você e se sentir totalmente realizado no momento, estará no seu "eu real", e a vida espelhará o melhor que tem a oferecer, algo digno de uma pessoa bem-sucedida. Seja você até não sobrar espaço para dúvidas ou para outras formas do falatório interno. Afaste toda essa conversa sendo cada vez mais o seu "eu real". Controle sua mente concentrando-se em uma estrela do seu painel ou repetindo suas âncoras (declarações) para se libertar à medida que avança. Se achar que, de algum modo, isso é inútil ou repetitivo, pergunte-se: "Quão inútil ou repetitivo é o falatório mental, que serve apenas para criticar a mim mesmo ou aos demais"? Caminhe com as costas eretas, quer sinta-se assim ou não. Mantenha a pose. Permaneça com a coluna ereta e siga em frente, lúcido. Domine o espaço sendo você. Conquiste o espaço sendo você. Elimine todos os pensamento sobre "o que os outros vão pensar" sendo mais você.

- Use as âncoras para se libertar (declarações) e impedir sua mente de divagar;
- Lide com todos os sonhos e desejos não realizados, e aproveite o hoje ao máximo com o processo de retrospectiva;
- Com o painel de estrelas, lembre-se de todos os interesses que o animam e o façam levantar da cama pela manhã.

Depois do curso

QUESTÕES E SOLUÇÕES

Fazer o curso, em vez de ler sobre ele, lhe dará os resultados.

Continue com a lista do poder supremo e a meditação de ponto focal e, quando precisar, use a lista "O que há de bom em..." e o processo de liberdade para permanecer centrado. Então, você pode continuar com a evocação de confiança ou com uma lista de apreço e gratidão.

Quando você estiver fora de casa, andando por aí e sem poder fazer tarefas escritas ou sentar-se para meditar, pratique as âncoras para se libertar (declarações) e a mudança de ícone. Integre qualquer desejo e objetivo com o processo de retrospectiva, que o colocará na perspectiva de que sua vida já é a ideal. Divirta-se criando seu painel de estrelas e aproveite para fazer algumas das atividades nele. O painel de estrelas o recordará do que você ama fazer e quais são as coisas que lhe proporcionam uma vida instigante e adorável.

> No final deste capítulo, na página 150, você encontrará uma tabela e um guia de referência útil, com todas as ferramentas e práticas ensinadas no curso. Você pode usá-las para criar seu próprio planejamento diário.

Sempre gosto de ouvir como as pessoas se sentem melhores quando param de atrapalhar a si mesmas e deixam de lado a mente pensante, entrando no "eu real". E o melhor ainda está por vir, à medida que seus ganhos vão surgindo. Você começa a se sentir mais leve e mais livre, e as melhoras começam a acontecer em todas as áreas da sua vida, quase que como um subproduto.

Sem nem mesmo pensar sobre isso, talvez você veja que sua vida amorosa tomou um rumo. Você consegue um emprego do qual gosta ou começa aquele negócio com o qual sempre sonhou. Quando dou aula para meus grupos em Londres, nas quais praticamos algumas dessas ferramentas juntos, vejo que eles parecem muito melhores com o tempo — às vezes até anos mais jovens, apesar da passagem da época. Os participantes regulares dos grupos também comentam isso.

Depois de terminar as quatro semanas, você pode ter algumas perguntas adicionais, que tentarei responder a seguir. Mesmo assim, também recomendo que lance qualquer dúvida que eu não responda aqui na sua lista do poder supremo, para perguntar à fonte de todas as respostas, seu poder supremo, Deus, o universo, ou como você queira chamar. É incrível como, quando segue com seu trabalho (o lado esquerdo da lista — limpando sua mente e apreciando a vida o melhor que puder), as respostas chegam até você. Às vezes diretamente, por meio de um insight, outras vezes as respostas surgem na internet, ou por um colega de trabalho que diz algo que responde à sua questão. Se ainda acha que isso parece muito absurdo, dê uma chance e veja quantos dos dilemas que coloca no lado direito da lista do poder supremo são resolvidos sem que você precise pensar a respeito deles.

Comece aos poucos

Não se sobrecarregue fazendo tudo de uma vez só. Pessoas me disseram que, desde o início, meditam uma hora por dia, escrevem diariamente 150 coisas que apreciam e também passam por todas as outras técnicas. Elas passam de rotina nenhuma a terem que separar várias horas por dia para suas tarefas. Quando, inevitavelmente, não fazem o que disseram que fariam, elas sentem-se mal e querem desistir, ficam perguntando-se por que não têm força de vontade.

Introduza as novas práticas devagar. Dessa forma, se não conseguir fazer algo que disse que faria, você pode se concentrar em uma das "pequenas" coisas que fez, e isso vai encorajá-lo a seguir em frente. Autocriticar-se ou ficar zangado consigo por procrastinar não o impede de procrastinar. Todos fazemos isso às vezes, faz parte do processo.

Em certas situações, aqueles que mais procrastinam no início do processo são os que se tornam os mais disciplinados. Isso faz sentido quando você percebe (por meio do processo de liberdade) que a procrastinação é o levantamento de pesos para a disciplina. Então, aceite tudo o que fizer — e, nesse caso, o que não fizer.

Pratique diariamente

Assim que souber quais técnicas prefere, crie uma rotina. O momento posterior a levantar-se da cama pela manhã é ideal para a meditação de ponto focal e algumas das técnicas escritas. Conforme faz isso, seu novo estado mental se tornará mais automático ou natural e continuará pelo restante do dia. Você naturalmente começará a procurar o lado bom dos desafios para, então, deixá-los de lado.

Tudo está relacionado à prática. Aqueles que trabalham de forma consistente conseguem os melhores resultados — é simples assim, não há fórmula mágica. Vi isso acontecer várias vezes nos meus grupos semanais. As novas ferramentas se tornam um novo hábito, e os hábitos que não estavam funcionando são deixados de lado. Quando se trata da sua rotina, você quer experimentar as ferramentas que aprendeu e ver qual tem mais apelo. Somos diferentes, e práticas diferentes servem para cada um de forma específica. No entanto, eis algumas sugestões:

Comece com a meditação de ponto focal. A mente quer correr para uma técnica mais "divertida", mas isso pode ser um truque. Se tentar uma das práticas escritas, sem primeiro limpar sua mente, o falatório interno vai envolver sua mente, e você não conseguirá realizar o exercício. Então, primeiro medite para criar uma base de clareza mental. Lembre-se de que você pode verificar quanto tempo precisa meditar usando a lista do poder supremo, mas, se não tem certeza, comece com 25 minutos. Não se surpreenda se o tempo aumentar levemente conforme se inspira a fazer mais.

É melhor começar com um tempo fixo de meditação e usar um timer para isso no início, enquanto a resistência do falatório mental dizer repetidamente que "você já fez o suficiente, é hora de parar" for grande demais. Depois de um tempo, você pode ser mais flexível com sua meditação.

Então, talvez você queira fazer um esboço da sua lista do poder supremo e colocar qualquer pensamento problemático sobre o dia de hoje no lado direito da página. Qualquer relacionamento em sua mente, questões ou reuniões que tiver. Por exemplo: "Resolva meu relacionamento com...", "Me faça chegar na reunião a tempo", "Faça com que a reunião seja boa", "Me ajude a ser mais eu, não importa o que aconteça", "Me mostre o próximo passo a ser dado", "Me centre em meu 'eu real'" etc. Se alguém com quem se importa está em sua mente, você pode acrescentar essa pessoa à sua lista, com um pedido específico, se necessário. Simplesmente jogue todos esses pensamentos na página — descarregue-os.

No começo, a lista do poder supremo é útil para acrescentar suas técnicas diárias no lado esquerdo, o do "Eu", para lembrá-lo do que fazer — e então marcá-las quando as tiver feito. Algumas pessoas gostam de substituir a lista do poder supremo pelo processo de retrospectiva, ou pelo menos intercalá-los, dependendo do seu estado de espírito. Outras preferem fazer a lista do poder supremo só quando ficam sobrecarregadas ou quando está acontecendo muita coisa naquele dia (embora alguns se comprometam a fazê-la como uma prática diária).

Então, vá para uma nova página e faça uma lista de gratidão (veja a página 91). Se há alguma questão impedindo-o de fazer essa lista livremente, suavize as coisas fazendo o processo de liberdade ou usando a lista "O que há de bom em...". Lembre-se: você está no caminho certo. Por exemplo, se ainda não conseguiu aquele emprego, ame sua vida agora e veja os benefícios de não ter um trabalho esta semana. Depois, a lista "O que há de bom em..." vai fluir naturalmente para a gratidão 150, conforme você deixa de procurar o que há de bom no que você não quer e passa a apreciar o que você já tem e gosta. De muitas maneiras, essas listas são iguais; elas apenas se concentram em assuntos diferentes.

Às vezes, você vai querer ir direto para a evocação de confiança, que é um jeito mais específico de ser grato e de se concentrar no que está funcionando. Você pode querer terminar o processo de retrospectiva, entregando todos aqueles sonhos e desejos que possa ter, e depois anotar o que vai fazer agora que eles se realizaram — agora que os alcançou.

Em alguns dias, você pode não querer fazer a lista "O que há de bom em...", se não estiver se sentindo muito bem. Como regra geral, as práticas que ensino mais tarde são projetadas para quando você está se sentindo melhor. Consulte o quadro de referência na página 150 e verá que as técnicas da lista são mais adequadas para um estado de espírito melhor.

Agora, comece seu dia. Se sua mente ficar tentada a voltar aos pensamentos excessivos nos momentos ociosos, como quando está caminhando até algum lugar, esperando na fila ou algo do tipo, faça as âncoras (declarações) para se libertar (declarações), se centrar e continuar com seu dia. Também é possível usar a mudança de ícone ou o neutralizador de pensamentos para parar de pensar demais. Você descobrirá o que funciona melhor o seu caso.

Se estiver com pouco tempo

Nos dias em que estiver ocupado, faça uma versão mais curta da sua rotina. Isso não vai substituir a prática completa, mas vai ajudá-lo

> NÃO HÁ RECEITA, JÁ QUE TODOS SOMOS DIFERENTES. DESCUBRA O QUE FUNCIONA PARA VOCÊ E, ENTÃO, CRIE UMA PRÁTICA REGULAR, VARIANDO DE VEZ EM QUANDO, COMO ORIENTADO.

até que esteja pronto para retomar. Crie uma versão reduzida da sua rotina para dias assim — por exemplo, a meditação pode ter vinte minutos, e a lista de gratidão, vinte itens.

Quando usar a âncora (declarações) para se libertar ou a mudança de ícone para pensamentos desejados

Essas abordagens são distintas, quase opostas, então você realmente precisa escolher apenas uma quando estiver lidando com pensamentos intrusos. Muitas pessoas preferem usar as âncoras (declarações) para se libertar quando estão com a mente totalmente lúcida, quando estão centradas e querem permanecer nesse estado ao longo do dia. Já vi pessoas repetirem as declarações tentando se sentir bem, e terminando se sentindo piores e derrotadas. Se não consegue parar de pensar em algo ou alguém específico e faz as declarações para tentar se distrair, então essa resistência pode tornar as coisas piores, à medida que você tenta afogar seus pensamentos com as declarações.

No caso de pensamentos específicos que ficam retornando, eu diria: "Esses pensamentos são o treino necessário, então não se arme contra eles, mas utilize-os. Talvez eles estejam aí por um motivo". E, então, eu sugeriria que você usasse a mudança de ícone e deixasse os pensamentos acontecerem, sobrepondo-os com seu ícone e lembrando-se dos ganhos. No entanto, como já disse várias vezes, não faça disso uma regra. Algumas pessoas usam as âncoras para se libertar, independentemente do seu estado de espírito, e isso as ajuda a ter algo em que se concentrar, como quando elas não conseguem meditar porque seu globo de neve é sacudido pela quantidade de pensamentos.

A frase lhes dá algo mais tangível para se agarrar do que um som. Enquanto repetem a expressão, elas trazem à mente uma imensa âncora ou um mastro de navio e veem a frase como algo real a que se agarrar e, assim, permanecem centradas — e acham mais fácil meditar dessa forma se a mente está particularmente ocupada.

> AS ÂNCORAS PARA SE LIBERTAR (DECLARAÇÕES) NÃO SÃO UMA ARMA PARA LUTAR CONTRA OS PENSAMENTOS: SÃO UMA ARMADURA PARA PROTEGÊ-LO DE SEUS PENSAMENTOS. A MUDANÇA DE ÍCONE É PARA PENSAMENTOS INTRUSOS REPETITIVOS E ESPECÍFICOS COM OS QUAIS VOCÊ ESTÁ LIDANDO HÁ ALGUM TEMPO.

Já outras pessoas usam o neutralizador de pensamentos, cuja abordagem é similar à das âncoras para se libertar, usando a declaração específica de "obrigado". É realmente algo que você vai precisar experimentar para descobrir que técnica funciona melhor em cada situação da sua vida. Experimente todas as práticas e descobrirá uma rotina específica que dá certo para você.

Sente-se pior?

Às vezes, ao usar essas técnicas e processos, inicialmente pode parecer que as coisas não estão melhorando — mas estão. Você pode achar que atingiu um "banco de nuvens" de tempestades intensas de pensamento em excesso, mas não desanime. Esse é um sinal positivo; é uma desintoxicação de todos os antigos padrões de pensamento em excesso. Em vez de lutar contra isso, deixe para lá. Lembre-se de que os padrões indesejados estão sendo limpos e deixados de lado, e isso é algo bom. E não tema os pensamentos, nem os veja como errados. Embora não sejam eles que vão orientar você, são o treinamento de resistência que o ajudará a evoluir. Seu trabalho não é se livrar deles, mas aprender como viver com eles sem se deixar ser governado — como este livro lhe mostrará.

Leve o tempo necessário com cada técnica, sem pressa, mas não fique parado. Em outras palavras, fique bem com a posição em que você está, mas assim que puder passe para uma técnica ensinada posteriormente no curso.

> NÃO SE TRATA DE SE LIVRAR DA RESISTÊNCIA, MAS DE VIVER COM ELA.

Quando estiver prestes a começar algo novo e até mesmo se sentindo bem, não se surpreenda se notar que acordou com o humor completamente oposto. Você pode ter a sensação de estar vivendo uma vida de sonhos e então acordar se sentindo horrível, como se não fosse chegar a lugar algum. Isso é natural, como um campeão olímpico que aumenta os pesos na academia.

Os pesos estão chegando para fazer com que você possa se movimentar para mais longe. A maioria das pessoas tenta lutar contra eles, mas acabam se sentindo derrotadas na tentativa de ficarem confiantes (o que é uma resistência contra o sentimento ruim; aquilo a que resiste). Quando se empolgar com os processos deste livro, você vai encontrar esses pesos. Esteja preparado.

Lembro-me de um cliente que estava animado com a perspectiva de começar o ano porque queria que fosse o melhor de todos.

Ele tinha uma ótima ideia de negócios e estava empolgado para fazer aquilo acontecer. E estava realmente se envolvendo com algumas dessas técnicas. No entanto, no início de janeiro, recebi uma mensagem dele querendo marcar uma sessão. Ele estava se sentindo péssimo; como se fosse um fracasso, como se nada jamais fosse acontecer. Eu disse que estava tudo bem sentir-se assim. E se ele precisasse daquela queda para pular mais alto? E se aquela sensação de fracasso fosse necessária para ele conquistar o oposto — o sucesso?

Ao fazer amizade com aquela sensação, em questão de horas, ele se sentiu entusiasmado novamente. Na verdade, se sentiu melhor do que antes. Ele percebeu que esse pequeno fracasso era o treino para o melhor ano da vida dele. E acontece que aquele foi o melhor ano da vida dele.

As ferramentas servem para ajudá-lo a se sentir melhor, não importa o que aconteça. Elas servem para levá-lo até aquele lugar onde sente que tem tudo que precisa. Para se livrar daqueles desejos que estão no caminho de amar sua vida hoje. Isso não o livrará dos seus sonhos, somente dos obstáculos que estão no caminho deles.

> ESTÁ TUDO BEM SE SENTIR PARA BAIXO. ESTÁ TUDO BEM FICAR DESANIMADO. ESSA QUEDA É COMO ABAIXAR-SE PARA UMA SÉRIE DE FLEXÕES QUE O LEVARÁ AO PRÓXIMO NÍVEL. UMA QUEDA NAS EMOÇÕES É SÓ UM LEVANTAMENTO DE PESO PARA LEVÁ-LO AO PRÓXIMO NÍVEL.

Qual técnica é para quando?

Em geral, as ferramentas do começo do quadro de referência podem ser feitas em qualquer estado de espírito, embora você só vá utilizá-las quando estiver se sentindo para baixo. As ferramentas da parte final do quadro são para quando estiver se sentindo bem. Mas as pessoas são diferentes, então veja o que funciona para você.

QUADRO DE REFERÊNCIA	
💡 Ferramentas e práticas para sobrecarga emocional (ver p.56)	Exercícios simples para quando você está vivenciando um excesso de pensamentos e emoções desafiadoras.
💡 Flutuador de corredeiras (ver p.59)	Segure o travesseiro e relaxe em seu estado de espírito.
💡 Mudança de ícone (ver p.62)	Sobreponha os exercícios com a imagem dos ganhos.
💡 Neutralizador de pensamentos (ver p.68)	Mantenha sua atmosfera livre do falatório interno, "borrifando" o espaço ao seu redor.
💡 Gatilho de relacionamento (ver p115)	Tire sua atenção do relacionamento difícil e volte-a totalmente para a pessoa dentro de si.
💡 Meditação de ponto focal (ver p.47)	Concentre-se em um objeto enquanto sintoniza seu "eu real".
💡 Lista do poder supremo (ver p. 42)	Entregue todos seus problemas e suas questões ao poder supremo.
💡 Botão mágico (ver p.111)	Aperte o botão e convoque seu poder de volta ao perceber que é o sentimento que você quer e não a mudança da situação.

💡 Processo de liberdade (ver p. 85)	Identifique os ganhos do treino e aceite "os pesos" para livrar-se dos bloqueios.
💡 Lista "O que há de bom em..." (ver p. 75)	Concentre-se no que há de bom no problema para soltá-lo.
💡 Âncoras (declarações) para se libertar (ver p. 123)	Mantenha a mente lúcida com palavras ditas em voz alta ou mentalmente.
💡 Processo de autopercepção (ver p. 104)	Reconheça a pessoa que você é olhando nos seus próprios olhos em um espelho.
💡 Gratidão 150 (ver p. 91)	Aprecie a vida e aceite tudo que funciona para você com uma lista ampliada.
💡 Evocação da confiança (ver p. 96)	Lembre-se dos momentos em que foi bem-sucedido em uma área específica da sua vida e passe algum tempo sentindo isso no momento presente.
💡 Processo de retrospectiva (ver p. 129)	Escreva o que vai fazer presumindo que já alcançou seus objetivos e que está vivendo sua vida ideal.
💡 Painel de estrelas (ver p. 133)	Crie um quadro ou painel para se lembrar de todos os interesses que chamam sua atenção, engajam ou o animam.

Parte 3

RELACIONAMENTOS E AUTOCONFIANÇA

Capítulo 1

PAREÇA E SINTA SEU MELHOR

Sinta-se atraente, não importa o que aconteça.

As pessoas podem ser muito autocríticas com seu corpo, descontentes com sua aparência e podem ficar o tempo todo tentando melhorar o visual. Se algo não está funcionando e você começa a pensar em excesso, a imagem corporal é um dos primeiros lugares em que sua mente provavelmente vai parar. Então, você ataca sua aparência, culpando-a pela rejeição que sofre, por não ser atraente o bastante e assim por diante.

Você pode achar que dedicar um tempo para ter uma boa aparência é algo superficial, mas na verdade não é. Em especial nos dias de hoje, muitos de nós pensamos em excesso sobre a aparência física, porque isso está em todos os lugares, tanto nas redes sociais quando na mídia em geral. Problemas com a imagem corporal podem nos entristecer e afetar todas as áreas da vida, então é importante que você a resolva para que possa se esquecer do assunto e seguir em frente.

A beleza tem relação com a mudança interna

A abordagem convencional para consertar ou mudar a imagem exterior antes de qualquer coisa não funciona muito bem. A verdade é que se você não sabe como se sentir bem por dentro, vai acabar consertando uma coisa e depois outra e depois outra. Transformações completas de estilo são ótimas, e certamente podem dar uma injeção de confiança, mas, sem uma segurança interna forte, a mudança externa nunca será o bastante. A beleza realmente vem de dentro. Ela é uma atitude: a manifestação da confiança interna.

Quando se trata de atração, tendemos a pensar que o que nos atrai é a aparência física, mas na verdade tem muito mais a ver com a autopercepção da pessoa espelhada para fora. Ser atraente é apenas se sentir atraente. O fator comum das pessoas que são consideradas bonitas é que elas se sentem bonitas ou acreditam que são bonitas em algum nível; a confiança é o denominador comum.

> SER BONITO
> É SENTIR-SE BONITO.

A beleza se refere ao quão atraente você sente que é. Não estou falando de ter pensamentos bonitos. Não é questão de pensar, mas sim do espaço entre os pensamentos. Quando se sente bonito, você não está pensando, você está sendo. Essa é outra forma de dizer confiança. E esse estado de confiança é a resposta para o que você procura. Para tudo que procura, na verdade. Todos sabemos disso em certo nível. Podemos perceber como a confiança vence todas as vezes. Aqueles que são considerados bonitos podem ser fisicamente muito diferentes — diferem-se de acordo com a época e a cultura —, então não faz sentido ficar obcecado com suas feições. Suas aparências não o tornam bonito ou feio, elas o distraem do que realmente importa. Então, afaste-se e descubra uma maneira de se sentir bonito. Todo o resto vai se resolver sozinho quando você estiver bem nesse segmento.

Você pode acreditar que se sentir bonito é uma ilusão, mas sentir-se bonito cria sua própria atmosfera e sua própria realidade. Pode não significar que todo mundo no planeta concorde (já que também se trata de algo que os outros veem — daí a frase "A beleza está nos olhos de quem a vê"). Mas quando se sente bonito, você não se importa muito com o que pensam de sua aparência, da mesma forma que você só se importava com isso quando não se sentia atraente.

A aparência é imutável?

Muitos acreditam que as aparências são imutáveis, que só somos capazes de sorrir mais ou de melhorar nossa postura, sem contar as cirurgias. Mas isso não é verdade. Aumentar a autoconfiança em relação à imagem corporal melhora nossa aparência física. Parece inacreditável, mas já vi isso acontecer várias vezes. A sensação de se achar bonito é o motivo pelo qual você quer ser bonito em primeiro lugar e, à medida que você aprender, pode ter essa sensação antes que qualquer mudança realmente ocorra.

Depois de ler isso, você pode estar se esforçando para tentar se sentir atraente e se perguntando como fazer isso. Lembre que exige empenho entrar

> SER ATRAENTE E SENTIR-SE ATRAENTE SÃO A MESMA COISA.

nessa sensação constante de confiança interior, então tentar mergulhar nesse sentimento de forma rápida e brusca pode deixá-lo se sentindo ainda pior. A confiança interior está sempre ali dentro de você — o que é especialmente tranquilizador de saber em um mundo que diz que você não é o bastante. A seguir, explicarei um método para perceber esse estado de confiança.

Conheci pessoas cujos dias podiam ser completamente arruinados por verem seu reflexo no espelho. Ou, às vezes, uma foto ruim de si mesmas é capaz de desequilibrá-las. Essas pessoas verificam sua imagem e tiram selfies de diferentes ângulos sem parar. São obcecadas. Pensam nisso o dia todo. Algumas veem a mesma foto de si e, em um momento acham que estão ótimas, no outro, não tão bem assim, ou pior. Isso não tem sentido, mas demonstra que tudo se trata de percepção, não de algo a ser consertado.

Você já se olhou no espelho em ocasiões diferentes e viu imagens completamente distintas? Todo mundo já passou por isso. Às vezes, você se acha atraente, em outras acha que não tem atrativo nenhum. É isso que estou tentando demonstrar aqui. Olhar no espelho não basta para dizer quão bonito você é, porque a imagem do espelho reflete mais do que qualquer outra coisa como está se sentindo.

Então, afaste-se do espelho e se concentre em seu corpo por um tempo. Quando tiver que olhar (ao se arrumar, por exemplo), faça isso rapidamente e "por cima", sem prender-se a detalhes. Analisar seu corpo é como pensar em excesso, o que, como já aprendemos neste livro, apenas nubla seu "eu real". Este é um importante primeiro passo: evitar espelhos por algum tempo permitirá que você se livre do estado de espírito de pesadelo. Então, faça primeiro seu treino, sua meditação, siga o curso de quatro semanas — algo necessário para que você se conecte com seu "eu real" —, só depois olhe-se no espelho.

A exceção é quando estiver fazendo o processo de autopercepção (ver a página 104), porque essa técnica não trata de estudar e criticar seu corpo, mas de usar seus olhos para fazer uma conexão amorosa com a pessoa dentro de você. Se estiver muito envolvido com pensamentos obsessivos sobre sua aparência, esse processo pode não ser o mais indicado nesse momento, já que a tentação de olhar para seu corpo e criticá-lo pode ser forte demais.

Aceite sua percepção: o que há de bom em não gostar de sua aparência?

Você quer ser atraente, mas não se sente assim. O primeiro passo é começar por onde você está. Você pode estar tão distante de se sentir bonito que pensa que isso jamais acontecerá. Lembre-se: está perfeitamente bem não se sentir atraente. Não tente fingir que se sente bonito ou lindo se não pensar que é verdade. Você se sente como se sente, e está tudo bem.

"O que há de bom nisso?" Pois bem, esta prática nos leva a evoluir para mais beleza (veja também a página 75). É o treino para a beleza. As pessoas que se sentem muito bonitas já se sentiram as menos atraentes em algum momento da vida — ou pelo menos sentiram bastante insegurança a respeito. E está tudo bem.

Então, quando acreditar ser pouco atraente, lembre-se de que não há problema nisso, é normal, todo mundo se sente assim às vezes. Essa impressão sobre si mesmo está fazendo você evoluir. Está mostrando como esse assunto é importante para você. Se não sentisse tensão alguma, não haveria a possibilidade de se sentir bonito, porque são os momentos de baixa autoestima que fazem qualquer pessoa evoluir para o melhor da vida em áreas específicas.

Você pode até decidir que é pouco atraente — quando está na "mente do eu inferior" essa afirmação parece muito real.

> ESTÁ TUDO BEM TER DIAS RUINS E SE SENTIR POUCO ATRAENTE. ISSO ESTÁ EVOLUINDO SUA BELEZA.

Mas quando seus pensamentos estão limpos, você vivencia algo diferente. Por exemplo, o que há de bom em não gostar de sua aparência pode ser coisas do tipo:

- Não sou o único que se sente assim acerca da própria imagem corporal — e está tudo bem me sentir assim;
- Isso fez com que eu me matriculasse na academia (algo que você sempre adiou, mas que realmente queria fazer, e esse incentivo de não se sentir bem resolveu isso);
- Isso fez com que eu cuidasse de mim mesmo. Me mostrou que me importo com minha aparência;
- Isso fez com que eu procurasse soluções, e talvez me ajude a encontrá-las. Me fez ter compaixão e compreender os demais nessa posição;
- Toda vez que me sinto pouco atraente estou evoluindo e criando a possibilidade de me sentir mais atraente;
- Muitas pessoas, que em algum momento se sentiram nada atraentes, se sentem extremamente atraentes agora;
- Testemunhei pessoas famosas, como (coloque o nome de uma delas aqui), mudarem completamente sua aparência adotando novos hábitos, então sei que é possível;

- Isso criou o incentivo para me sentir mais bonito.

O que há de bom em ver uma foto que não o agrada pode ser:

- Está me ensinando a fazer as pazes com essas questões;
- Toda vez que vejo uma foto minha ruim, ela está me fazendo evoluir para me sentir com uma aparência melhor;
- Ver aquela foto foi um incentivo para que eu realmente experimentasse esses processos e técnicas;
- Outras pessoas gostam da foto, então talvez o que ela esteja me mostrando seja apenas minha percepção; e agora estou sendo incentivado a mudar minha perspectiva;
- É meio engraçado como consigo me ver de maneiras diferentes, e isso realmente parece espelhar meu estado de espírito e me incentivar a fazer o curso de quatro semanas deste livro para me sentir mais conectado e confiante.

Agora que aceitou sua percepção, percebendo que está em um lugar perfeito para treinar a beleza em si mesmo, vamos passar a uma das melhores técnicas que conheço para desenvolver uma imagem corporal forte e positiva.

Nutrindo-se de elogios

As pessoas refletem a opinião delas a seu respeito. Elogios, em última instância, são os outros lhe dizendo as crenças que você tem sobre si mesmo. Por exemplo, aquela roupa nova que ficou ótima em você e que todo mundo disse que ficou boa — você pode ter se feito de modesto, mas sabia que estava bem nela, não sabia? Sempre sabemos em algum nível. Do mesmo modo, quando estamos deprimidos e achamos que "precisamos" de elogios, eles dificilmente chegam, como se a vida novamente estivesse espelhando nossas opiniões sobre nós mesmos — nesse caso, uma opinião negativa que culmina na falta de elogios.

Então, você tem que ser o primeiro a se sentir atraente, em vez de esperar que o mundo, as outras pessoas ou mesmo os espelhos digam que você é atraente. Essa técnica trata de dar a si mesmo a confiança que procura no mundo. Ela mostrará que, provavelmente, você está muito mais próximo dos seus desejos do que pensa, mas as nuvens da insegurança o impedem de ver isso.

Recebemos um elogio e, dez segundos mais tarde, o esquecemos e seguimos adiante com a autocrítica; nos sentimos felizes por um segundo e então voltamos para o falatório interno, ignorando o elogio quase que instantaneamente. É um desperdício. Em vez disso, volte aos elogios várias vezes, deleite-se de verdade com eles.

A evocação da confiança (ver a página 96) pretende atrair aqueles momentos e memórias de quando você se sentiu ótimo. Eis como fazer isso.

Escreva sua declaração afirmativa, uma sentença ou um parágrafo descrevendo como seria sua aparência se você tivesse uma varinha mágica: "Sou incrivelmente atraente" pode ser um começo.

Embaixo, escreva todas as vezes em que sentiu isso. Nesse caso, "Sou incrivelmente atraente", lembre-se de todas as vezes em que você se sentiu muito bonito ou foi elogiado por sua aparência e se sentiu bem com esses elogios. Você pode não ter se sentido exatamente como na declaração, mas faça o que puder para chegar o mais perto possível desse sentimento. Liste todas as vezes que estava bonito e que sabia disso — e repasse na sua cabeça várias vezes os elogios que recebeu.

Evoque as lembranças desses momentos em que se sentiu atraente enquanto escreve. Por exemplo: "Quando caminhava pela praia, me senti uma deusa", "Jasmine disse que eu parecia uma modelo" etc. Claro, sua mente do "eu inferior" pode contra-argumentar: "Ah, mas eu era mais jovem naquela época". No entanto, não é a idade, mas a sensação de ser bonito que torna alguém atraente. Lembre-se: há pessoas que, como todos devíamos ser, se sentem melhores com si mesmas e realmente parecem melhores ou mesmo mais jovens quanto mais o tempo passa. Mas veja como você se sente, só evoque as situações que realmente o fizeram se sentir bonito.

> ELOGIOS DOS OUTROS COM OS QUAIS NOS SENTIMOS REALMENTE BEM E ELOGIOS PARA NÓS MESMOS SÃO PRECIOSOS. DEVEMOS NOS LEMBRAR DELES E NOS DELEITAR COM ELES.

Você vai ser atraente quando sentir que está atraente. É simples assim. Se sentir que é bonito, você é. As pessoas apenas vão espelhar como você se sente a seu respeito. Por exemplo:

Declaração afirmativa: "Sou incrivelmente atraente, confiante, pareço um modelo, sou encantador e causo impacto aonde quer que eu vá".

- Quando caminhei pela rua, senti as pessoas me admirando;
- Sasha disse que minha roupa nova ficou linda em mim;
- Quando usei aquela roupa, Lee disse que eu parecia um modelo;

- Quando me vi no espelho do vestiário, realmente parecia atraente;
- Eu estava na cafeteria quando uma mulher apareceu e me disse que eu parecia um astro de cinema.

AO FAZER SUA LISTA, LEMBRE-SE DE QUE O QUE IMPORTA NÃO SÃO AS PALAVRAS QUE VOCÊ USA, MAS SIM DEDICAR UM TEMPO PARA CONJURAR O QUE SENTIU NAQUELE MOMENTO.

As palavras que você usa nas sentenças não importam tanto. O importante é que você evoque uma lembrança enquanto escreve. Dedique alguns momentos a cada sentença antes de avançar para se ancorar no sentimento de ser atraente — ou em qualquer sentimento que você tenha descrito na sua declaração afirmativa.

Algumas pessoas só conseguem se lembrar de um ou dois momentos. Mas não desista. Descobri que todo mundo consegue fazer isso — esses momentos podem se multiplicar. À medida que fizer essa lista regularmente, ela ficará mais fácil: você se lembrará de mais vezes em que se sentiu bonito e perceberá mais momentos ao longo do dia em que se sente atraente.

Faça a evocação da confiança quando já estiver se sentindo bem

Outra observação importante é fazer essa técnica quando você já está se sentindo bem, e não quando estiver deprimido em relação à sua imagem corporal. Nesse caso, experimente as ferramentas e práticas para sobrecarga emocional, da semana 1, ou a meditação de ponto focal (veja a página 47) ou uma lista "O que há de bom em..." (veja a página 75) sobre não se sentir atraente para conseguir ficar em um estado neutro, lúcido e pronto para começar.

Conheço um ator que escreveu "qualidade de uma estrela de cinema" na sua declaração afirmativa. Quando o vi no grupo novamente, ele passara mesmo a ter uma presença de astro, transpirando confiança. Alguns meses mais tarde, o vi em um carismático papel de protagonista de uma série de TV popular, e ele certamente era uma estrela.

Lembro de outra participante do meu grupo que fez esse processo. Ela tinha aparecido na primeira vez totalmente deprimida. Ela me ouviu um pouco e depois não a vi por cerca de seis meses. Quando voltou, estava irreconhecível. Ela parecia totalmente diferente, anos mais jovem, atraente, com a postura diferente e, mesmo assim, eu sabia que era ela.

Ela disse que tudo se devia a essa técnica em particular. Alguém lhe disse, incrédulo: "Bem, tenho certeza de que você fez dieta", e ela respondeu: "Sim, eu realmente mudei minha dieta, mas já fazia dietas há vinte anos e não tinha resultado algum. Foi essa técnica que abriu caminho para uma dieta que realmente funcionou. Pela primeira vez, me senti atraente". Ela reconheceu que foi muito difícil. Mas, depois de mais ou menos uma semana, ficou mais fácil.

Algumas pessoas no grupo se perguntaram por que a técnica não funcionou tão bem para elas, mas rapidamente percebi que era apenas porque ela fizera a técnica todos os dias, e as outras não. A frequência é o segredo.

Outro homem não conseguia namorar, pois achava que ele era "muito feio". Então, ele fez essa prática. Foi à cafeteria local e começou a se lembrar de todas as vezes em que tinha recebido elogios e se sentido realmente atraente. Depois de algumas semanas, ele era, em suas palavras, "mais popular do que jamais fora" no que dizia respeito a olhares de admiração de outras pessoas. Ele me disse que estava na cafeteria fazendo esse processo quando um homem com quem tinha trocado olhares se aproximou e lhe entregou um bilhete com o número de telefone dele. "Isso nunca acontece comigo", ele disse.

Algumas semanas mais tarde, ele foi convidado para sair novamente. Talvez você ache que esse processo é quase mágico, mas na verdade não é — a vida tende a refletir como você se sente a respeito de si mesmo. Ele se sentia atraente, e o mundo concordava com a opinião dele.

Comparação

Ao ver alguém atraente, seu "eu inferior" pode tentar diminuir você. Essa resposta é normal para a maioria das pessoas — sentir-se menos do que as outras. Primeiro, não se culpe por sentir isso. Esse sentimento está lhe mostrando o que quer ser e o que você é de verdade para que possa se libertar e seguir em frente. Você descobrirá que, quando tentar as técnicas que estou compartilhando neste livro, pessoas atraentes vão inspirá-lo e não vai mais se sentir menos que elas.

Você vai permanecer com as costas eretas, sentindo-se feliz por ter visto a beleza e se enriquecer com isso. Seu sentimento de se sentir inferior se transformará em energia e na sensação de que "isso também é para mim": você pode ter a atratividade que eles têm.

Outras coisas que você pode fazer para se sentir confiante, não importa o que aconteça

Lembre-se de fazer a meditação de ponto focal (veja a página 47) com regularidade. Sua percepção é tudo, e a meditação muda seu mundo. Alguém que eu ensinava me disse: "Consegui um trabalho de modelo, mas me olhei no espelho e me senti horrível. Foi como se eu tivesse engordado quatro quilos. Aquilo não era possível, pensei, mas não tinha para onde fugir. Então, me lembrei de meditar. Por mais que eu não quisesse meditar, sabia que funcionaria. Meditei por meia hora e, quando me vi no espelho novamente, parecia totalmente diferente, como a pessoa que tinha conseguido aquele trabalho".

Fique bom no processo de autopercepção (veja a página 104). Quando você ama a pessoa dentro de si, sua beleza interna brilha e se representa em seu corpo. Você se sente bonito e, por isso, fica bonito.

O poder da postura

Uma vez que você faz as pazes com seus sentimentos, certas ações podem fazê-lo parecer mais atraente. Comprar roupas novas, cortar o cabelo, por exemplo. O mais importante não é o que essas ações fazem fisicamente, mas como elas fazem você se sentir. Ser ativo impedirá que você fique preso nos pensamentos repetitivos, como se fosse um "disco arranhado". Mas há mais uma coisa que você pode fazer para realmente mudar isso. Parece óbvio, mas uma das melhores mudanças instantâneas que pode fazer é em relação à sua postura.

Pessoas que não gostam da sua imagem corporal não ficam eretas — caminhar com a coluna reta lhe dá uma vibração de confiança. Isso limpa sua mente e o coloca em contato com sentimentos de confiança (é mais difícil estar deprimido quando você anda com a coluna ereta, os ombros para trás e o peito aberto; tente e verá).

Mais exercícios para uma melhor imagem corporal

Quando as pessoas me pedem mais recomendações focadas na imagem corporal para explorar com este livro, sugiro exercícios de rosto. São similares aos exercícios para músculos faciais, nos quais você contrai e relaxa os músculos de formas específicas. Faz sentido para mim que eles suavizem e tonifiquem o rosto. Também ouvi falar de exercícios similares para o couro cabeludo, e de como são benéficos para o bom crescimento do cabelo.

Para mim, essas abordagens são, no mínimo, um bom jeito de relaxar. Os movimentos repetitivos são relaxantes e se tornam algo parecido à meditação de ponto focal (veja a página 47), do mesmo jeito que os exercícios na academia. Se fizer uma busca on-line, você encontrará pessoas e métodos especializados nessas áreas.

Capítulo 2

BEM-ESTAR, SAÚDE E CURA

Somos muito mais poderosos do que imaginamos.

Ninguém sabe exatamente como o corpo funciona. Ele é um grande mistério — infinitamente mais incrível do que a melhor peça de equipamento que possamos fazer. Nossas teorias atuais podem ser impressionantes, e às vezes úteis, mas só na proporção do que sabemos atualmente. E o que achamos que sabemos é minúsculo perto de tudo que existe, e mudará conforme as evoluções no entendimento científico.

Você é incrivelmente poderoso, e é hora de começar a se ver dessa forma. Você não é uma máquina fraca e defeituosa que precisa de constante manutenção (nessa nossa mentalidade de sempre tentar "consertar" as coisas). E se a inteligência por trás do corpo sempre soubesse o que fazer e sempre fizesse a coisa certa? E se ela pretendesse proporcionar a melhor experiência de vida no momento por meio de novas percepções que cada experiência oferece? E se quando você acha que algo está errado, na verdade, isso fosse um erro de compreensão de um complexo processo de cura, em que seu corpo está evoluindo para um lugar mais forte, mais resiliente e mais poderoso — e isso fosse algo para ser grato e não para ser temido?

Ninguém deve ser culpado por uma questão de saúde, mas admirado por descobrir um caminho para resolver sua vida, pois essa é uma maneira de ver o que está realmente acontecendo, em vez de ver que "algo está errado".

EM RESUMO, TER UMA BOA SAÚDE É ENCONTRAR UM JEITO DE CONFIAR E ACREDITAR NO GRANDE PODER DE SER QUEM VOCÊ É.

Relaxar no seu "eu real" dá espaço para que a cura apareça

Quando relaxa, você permite que a inteligência por trás do corpo faça seu incrível trabalho. E dá a qualquer pessoa que esteja cuidando de sua própria saúde espaço para fazer seu trabalho. Quando está relaxado, ou seja, lúcido e centrado, a cura acontece, porque a porta para o bem-estar se abre. A cura é menos uma tentativa de se livrar de algo, melhorar ou então de lutar contra qualquer coisa, e mais uma porta que se abre para a saúde que já existe.

No entanto, até essa sugestão pode causar estresse e fazer com que você sinta que precisa relaxar quando está estressado. O estresse não é tanto o problema. O problema é lutar contra ele. Mas não há nada de errado em lutar contra o estresse, é compreensível que queiramos fazer isso. Está tudo bem. Então, se está estressado, você continua no caminho certo. Ame-se acima de tudo e faça amizade com esses sentimentos estressantes, abrindo caminho para o relaxamento. Com frequência, o começo do processo de cura envolve muito estresse — e está tudo bem. Está mais do que tudo bem: é o treino para a cura.

Talvez você se sinta preocupado com sua saúde. Dores e outros problemas podem fazer com que seu "eu inferior" corra para a ilusão, e seu "eu real" fique recoberto pelas nuvens do pensamento em excesso. Lembre-se: isso é um treino, você não é a mente do "eu inferior". É hora de se libertar dos pensamentos e mergulhar no conhecimento do seu "eu real".

Nesse lugar, a cura espera para ser descoberta — na verdade, todos os tipos de solução o aguardam bem neste momento. Você só precisa deixar o globo de neve e os pensamentos assentarem e escutar.

Quando você vivencia um problema de saúde ou um sintoma inesperado, o falatório interno pode deixá-lo aflito e levá-lo ao Google. Isso nunca é uma boa ideia quando não estamos nos sentindo nós mesmos, como provavelmente já percebeu — já que você tende a encontrar mais e mais coisas com as quais se preocupar, ficando preso em um ciclone de pensamentos que bloqueia a solução que procura.

> DEIXE OS PENSAMENTOS SE ASSENTAREM E ESCUTE A ORIENTAÇÃO.

Não dá para achar nada útil quando se está pensando demais. Antes que possa se distrair, você precisa se acomodar onde está nesse instante e não lutar contra seu estado de espírito. Tentar não pensar sobre o que está pensando pode levá-lo a ficar ainda mais obcecado.

Negação ou consciência?

Há uma imensa diferença entre a negação e mudar sua mentalidade do medo para o empoderamento. A negação é fingir que não sente coisas que sente. Você pode se sentir assustado com uma situação enquanto finge que está tudo bem, tentando ignorar e colocar pensamentos positivos sobre o rodamoinho de medo — e então não ir ao médico ou ao profissional de saúde, pensar secretamente que devia fazer isso.

Essa sensação constante de pavor é um sinal claro de que você está fora do seu "eu real" — e não é disso que estou falando. É um exercício imenso de resistência e, nesse estado, você nunca tem clareza suficiente para tomar a decisão certa. Então, primeiro se acomode. Limpe sua mente para poder ver que caminho tomar. O caminho já está ali, obscurecido pelo seu excesso de pensamentos. Você saberá que o alcançou quando começar a se sentir mais leve, mais lúcido. Então, pode começar a ver onde está e saber que ações realizar.

Escolha o melhor caminho para si

Não sou o tipo de pessoa que aconselha você a escolher um método ou outro — há testemunhos de curas incríveis que as pessoas atribuem a todos os tipos de abordagem. Dito isso, a única coisa que falarei sobre cura, independentemente do médico com o qual você se consultar ou que sistema físico escolher, é isto: uma situação recorrente nas histórias de cura que ouvi anteriormente é quando as pessoas entram naquele estado lúcido do "eu real". É exatamente o mesmo na questão da saúde como em todos os outros assuntos.

Seu "eu real" e sua intuição sabem que somos todos diferentes — e este livro trata de perceber que no fundo você sabe o que fazer. Use o único poder real de escolha que você tem — volte para seu centro, não importa o que esteja acontecendo. Nesse lugar limpo, saberá o que fazer. A informação correta está toda ao seu redor. Quando estiver no seu "eu real", você escutará a informação certa no momento certo. O que descobri é que quando as pessoas fazem práticas parecidas com as que compartilho neste livro e encontram paz de espírito, elas sabem o que fazer. E fazem boas escolhas.

E não é um ou outro. Você pode marcar uma consulta com seu médico enquanto faz as técnicas deste livro ou outras similares. Você pode fazer as técnicas deste livro para acalmar suas emoções e resolver seu (excesso de) pensamento e seu estresse, e depois deixar que os médicos das diferentes especialidades façam sua parte.

As pessoas que estão em seu "eu real" são sempre mais edificantes, não são? Pessoas confiantes, otimistas e capazes que lhe dão suporte, como aqueles médicos que tentam tranquilizá-lo dizendo que está tudo bem, que as coisas vão dar certo (e estão falando sério). Assustar as pessoas com uma opinião nunca leva a nada. E tudo é uma opinião.

Se, por algum motivo, você acabar com um pessimista no campo médico, mostre a ele as práticas deste livro. Veja aquela pessoa como o presente que ela é. Se estiver irritado com alguém por ser negativo, você pode usar a lista "O que há de bom em..." para ficar de bem com sua reação e até mesmo com a pessoa. Uma coisa boa em ser surpreendido por uma opinião é que "Deviam ter me dito isso, já que sou

TRATA-SE DE ENCONTRAR SEU "EU REAL" E DESCOBRIR QUE O BEM-ESTAR ESTÁ ALI PARA VOCÊ.

mesmo assim" ou "Talvez eu precisasse ouvir isso para realmente conseguir encontrar minha força e poder interior e parar de dar meu poder a pessoas aleatórias".

Relaxe pensando na saúde perfeita do momento

O corpo certamente vai apreciar que você esteja em seu "eu real". É nesse estado de tranquilidade interior e de apenas "ser" que os milagres acontecem. Depois de ter pesquisado muitas histórias de "curas milagrosas" e de ter conversado com vários médicos e praticantes alternativos sobre o assunto, o denominador comum parece ser que a cura tende a acontecer quando finalmente achamos um jeito de ficarmos um pouco mais relaxados e de aceitar onde estamos. Isso não é resignar-se ou desistir (que é simplesmente pensar demais), mas render-se àquele espaço de paz e lucidez. Relaxar em saber que está tudo bem — e que tudo vai ficar bem. É uma mudança de percepção. A pessoa nessa situação está menos tentando se curar e mais amando a si mesma — o que pode ser mais fácil dizer do que fazer. Assim como encontrar um relacionamento e todas as outras coisas, a cura acontece quando você não está se esforçando tanto para conseguir um resultado.

E, é claro, antes de cada história incrível de cura, em geral há muita preocupação, luta e inúmeras tentativas de cura. E está tudo bem. Em geral, isso é necessário para a cura. Então, a jornada da cura com frequência é esta: primeiro, o treino da preocupação. Depois, o relaxamento — e então a porta da cura se abre.

NESTE MOMENTO, VOCÊ É AMADO, E PODE RELAXAR NESSE AMOR DIVINO.

O estresse não é estressante

Ouvir que o estresse é ruim para você já é algo estressante. Isso pode fazer você sentir que não devia estar estressado ou preocupado com o que o estresse está causando (o que aumenta a preocupação e cria mais estresse). Como você já sabe, o estresse é um treino com benefícios. A ironia é que, quando fazemos amizade com o estresse, paramos de ficar tão estressados. Então, mesmo que você acredite que o estresse é absolutamente ruim para você, o jeito de se livrar dele é abraçá-lo. O primeiro passo para se livrar do estresse é aceitá-lo como ele é.

Antes de mais nada, fique bem com sua reação emocional ao que está acontecendo: sua reação emocional a qualquer condição de saúde, rótulo ou medo. Só então você consegue ficar bem com o que está acontecendo, o que inclui procurar o lado bom da condição em si.

O que há de bom no estresse

O estresse e a situação podem ser um incentivo para você mudar sua vida — ele pode ser o empurrão de que você precisava. Ou talvez a situação esteja criando ganhos e fortalecendo você de formas que não seja possível ver agora. Há muitas formas de olhar para a mesma situação. E se as coisas estiverem indo bem? Esta é sua tarefa: descobrir qual declaração é verdadeira.

Eu digo que o estresse é um treino, é um sinal de que está no caminho para a solução. No entanto, depois de um tempo, você vê que o estresse não está ajudando, mas não consegue deixá-lo de lado — por quê? Pode ser porque é difícil ver "o que há de bom em" (veja a página 75) um sintoma quando falamos de uma doença. Então, comece por onde está, que pode ser: "Você pode não se preocupar, você pode deixar para lá".

1. "O que há de bom em estar com medo"
   - Nessa situação, muitas pessoas pensariam em excesso e ficariam com medo ou preocupadas, em especial com todas as notícias negativas sobre saúde. Mas até que estou indo bem;
   - Está tudo bem ficar estressado. Isso está evoluindo para mais relaxamento e felicidade;
   - Estou com medo, mas é assim que eu devia estar me sentindo;
   - E se a preocupação for um ingrediente necessário para que eu evolua para uma saúde melhor?

Nada disso é muito fácil quando se está no meio de sintomas físicos e com medo. Você pode, em vez disso, fazer o processo de liberdade (veja a página 85) sobre esse assunto — as ferramentas e práticas para sobrecarga emocional (veja a página 56) também podem funcionar como um meio de tranquilizá-lo. Ou a lista do poder supremo (veja a página 42). Você encontrará a prática certa para o seu caso. Você pode ser atraído para diferentes práticas em momentos distintos. Pode até abrir este livro aleatoriamente, começar a ler e ver se faz sentido.

E SE TUDO ESTIVER INDO BEM E EU SÓ NÃO CONSIGA VER AINDA?

2. "O que há de bom em ter essa condição"

Neste exato momento, você pode não ser capaz de mudar alguma coisa em relação ao problema de saúde que está enfrentando, mas é capaz de mudar sua perspectiva. Há um jeito diferente de olhar para problemas de saúde no qual, em vez de procurar coisas que estão erradas, você percebe que tudo pode ser usado como uma ferramenta em sua evolução. Será que os problemas de saúde não são, na verdade, um método para curar nossa vida, um sinal de que precisamos ajustar nossa perspectiva? Em outras palavras, talvez nosso corpo tenha uma inteligência tão engenhosa por trás que, se realmente quisesse ficar em equilíbrio, ele o faria, não? E, mesmo que não tiver, nada deu errado. Talvez essa situação ou esse problema esteja lhe trazendo uma mensagem, para ajudá-lo a se amar mais e a viver a vida plenamente. Mas ler minhas sugestões, que me tranquilizam, talvez não funcione no seu caso. Quando se trata da lista "O que há de bom em...", o importante é encontrar o que acalma você. Você deve encontrar seus próprios insights. Então, dedique um tempo a essa lista — talvez seja bom fazer após meditar —, e veja o que vem até você. Defina o desafio de procurar o lado bom dessa condição, do jeito que ela é. Espere que novas perspectivas surjam e então anote-as. Por exemplo:

- Isso fez com que eu me cuidasse melhor e descobrisse uma nova forma de viver bem;
- Essa condição me fez procurar por uma solução. Talvez ela esteja aqui para me ajudar a achar soluções, e até mesmo para ajudar outros nessa mesma situação;
- Todas as negativas são levantamento de peso para uma saúde melhor;

- Meu corpo e minha mente estão sendo fortalecidos;
- Essa situação está me obrigando a olhar para dentro de mim e encontrar o poder do meu "eu real", para eu descobrir que essa é a força mais poderosa.

Ou se a condição for um ferimento:
- Isso aconteceu porque deveria ter acontecido;
- Talvez isso tenha acontecido para me dar um descanso da academia, o que pode ser bom para meu corpo;
- Isso me obrigou a me comprometer com a meditação diária;
- Isso alterou minha rotina matinal ao me fazer dar uma pausa na academia, o que me fez ir a um ponto diferente da cidade para encontrar um amigo que não teria visto de outra forma — talvez tenha acontecido por isso.

Alimentação saudável e dietas da mente

Conselhos sobre alimentação saudável podem ser confusos. Parece haver uma nova dieta a cada semana, que às vezes contradiz a anterior. E então você vê que há adeptos da alimentação saudável seguindo dietas rígidas que não são nem um pouco saudáveis e pessoas que comem *junk food* resplandecendo saúde. Possivelmente, mais importante do que aquilo que comemos é o jeito como nos sentimos a respeito do que comemos. Em outras palavras, consuma alimentos que você acredita serem os melhores para você — todos temos nosso conhecimento interno.

Seguir uma certa dieta pode ser benéfico, mas fazer isso quando se está pensando em excesso, em um estado de batalha interna, é como colocar a melhor matéria-prima em uma refinaria quebrada. As pessoas se esquecem de priorizar sua dieta mental, na qual você exclui pensamentos.

Depois de entrar no seu "eu real" usando os ensinamentos deste livro, você será guiado para encontrar o restante de tudo o que é perfeito para você — incluindo o exercício físico correto, os alimentos adequados para serem consumidos e as ações certas a serem realizadas.

Uma jornada guiada para o bem-estar: o santuário de cura

Às vezes, gravo jornadas guiadas como esta para as pessoas que oriento; assim, elas podem colocar o áudio e se deitar para limpar a mente quando surge algum desafio relacionado ao assunto — nesse caso, o bem-estar. Você pode gravar isso para si mesmo, com alguma música de fundo.

1. Fique confortável, sentado em uma cadeira ou deitado na cama, sem qualquer outra distração ao seu redor.
2. Em sua mente, imagine-se relaxando em uma cama macia e confortável, no meio de um pequeno barco. Você está cercado por guias, anjos ou quaisquer outros seres que lhe tragam conforto.
3. Relaxe enquanto o barco começa a se mover por um lago tranquilo e calmo. Você está se movendo em direção a uma clareira de cura, coberta de samambaias. Você se move em direção a essa clareira, isolada e privada, cercada de árvores, e o barco para em um ancoradouro.

4. Relaxe nos braços de seu "eu real" por alguns momentos, afastando-se da sua mente pensante, relaxando nessa cama suave e confortável no barco.
5. O barco está cercado por seres de luz. Grandes curandeiros e mestres o cercam, os melhores dentre os melhores, especialistas em seus campos. Relaxe e deixe-os fazer seu trabalho. Assim como o motorista de um carro de corrida precisa se afastar para permitir que os mecânicos renovem e consertem seu carro, dedique este tempo a relaxar no lugar em que você está.
6. Um dos seres despeja um elixir divino sobre você, cuja consistência e brilho são parecidos com mel quente. Seu corpo o absorve e é preenchido com luz líquida. Sinta esse líquido escorrendo nos dedos do seu pé, passando para os tornozelos, as panturrilhas, os joelhos e as coxas, movendo-se até sua barriga, seu peito, seu pescoço, pelos seus braços até os dedos da mão. Sinta essa luz subir e tirar todas as impurezas do seu corpo, um jorro mais escuro sendo despejado nas águas ao seu redor e você sendo purificado, se sentindo novo e feliz.
7. Agora, um dos guias coloca suavemente em seu rosto em uma máscara feita da água mais pura — ela limpa e embeleza, acalma e revitaliza.
8. Enquanto está deitado, relaxando e respirando lenta e profundamente, os guias trazem um equipamento. Imagine um dispositivo circular que paira sobre você — como um anel que emite raios de luz no seu corpo enquanto se move lentamente por ele, desde os dedos do pé até o alto da

cabeça. Sinta o poder desse dispositivo, que tanto alinha quanto sintoniza seu corpo, fazendo-o voltar à perfeição.
9. Respire ao som da música de fundo da sua gravação. Sinta o equipamento se movendo para cima e para baixo do seu corpo, para cima e para baixo. Inspire... e expire. Sinta o dispositivo se movendo para cima e para baixo no seu corpo, renovando-o, restabelecendo-o e tornando-o novo, cada célula entrando em um equilíbrio cintilante.
10. Saiba que todos os guias ao seu redor o mantêm em segurança; você está seguro para fechar os olhos, para relaxar mais profundamente na cama. Apenas deixe o dispositivo fazer seu trabalho, movendo-se para cima e para baixo, desde os dedos do pé até o alto da cabeça, e de volta. Sinta esses feixes de luz da cor do arco-íris atravessando seu corpo, trazendo-o para um alinhamento perfeito, renovando sua mente, fazendo suas células brilharem, tudo perfeito.
11. Traga sua atenção de volta à respiração; permita que o equipamento faça seu trabalho, esse equipamento incrível que leva o corpo à perfeição. Sua única tarefa é relaxar, respirar e se concentrar no som que vem do fundo da gravação. Imagine esse dispositivo circular movendo-se pelo seu corpo e os raios de luz atravessando-o. Sinta o poder desse equipamento, que alinha e equilibra seu corpo. Seu corpo inteiro está sintonizado na perfeição.
12. Esse dispositivo percorre seu corpo de cima para baixo. Células cintilantes, perfeição. Tudo alinhado. Cada lugar que a luz toca se move para o alinhamento perfeito. Sua

pele e todo seu corpo se movem até a perfeição. Rejuvenescendo, equilibrando, embelezando, levando você ao alinhamento.
13. Quando sentir que o dispositivo fez seu trabalho, o barco é desatracado e sai desse santuário tranquilo e pacífico, passando pela entrada de samambaias e seguindo pelas águas, de volta à margem onde você começou.
14. Assim que o barco chegar à margem, permita que ele seja ancorado novamente. E, quando estiver pronto, inspire e expire fundo algumas vezes. Mova seu corpo devagar. Agradeça aos guias pela sensação incrível e abra os olhos.

Observação: algumas pessoas gostam de imaginar o dispositivo que mencionei nessa jornada guiada quando estão na cama, à noite, ou mesmo quando estão em uma cafeteria, descansando ou trabalhando — ou quando estão fora de casa de modo geral. Mentalmente, o dispositivo sobe e desce pelo seu corpo enquanto as pessoas trabalham, enviando luz branca ou das cores do arco-íris por todos os lados, desde o alto da cabeça até os dedos do pé; e elas podem deixá-lo "ligado" o tempo que quiserem. Outras pessoas escolhem dispositivos diferentes, como um "cartucho" energizante, que lhe dá mais energia, ou um "cartucho" embelezador, que as torna mais atraentes — escolhendo um tema que as faz se sentir bem. Ou mesmo um dispositivo "três em um", que faz tudo isso.

Capítulo 3

A BUSCA PELO AMOR

Os relacionamentos são tudo. E cada relacionamento tem a ver com a relação entre você e o seu eu.

Os relacionamentos são uma grande parte da nossa vida. Mesmo assim, eles podem ser fonte de muita confusão, frustração e dificuldades. As pessoas dedicam muito tempo e esforço a buscar alguém com quem possam passar o resto da sua vida. Então, quando encontram esse alguém, isso pode ser o início de mais problemas. Mas pode ser mais fácil, como você descobrirá aqui.

Encontros

Tudo o que vê ao seu redor em termos de publicidade, filmes, música e cultura em geral parece voltado a fazer com que as pessoas se concentrem em encontrar "sua cara metade" — como se isso fosse resolver tudo imediatamente. Há milhares de aplicativos e agências de encontro on-line, cujo número de usuários aumenta a cada semana, além de vários sistemas de autoajuda que afirmam serem capazes de auxiliá-lo a encontrar o amor e a conhecer seu parceiro. Todos esses novos meios de conhecer uma pessoa não tornaram as coisas mais fáceis, eles simplesmente aumentaram nossa carga de trabalho e nosso excesso de pensamentos, fazendo com que nos esforcemos ainda mais para conseguir algo que achamos precisar desesperadamente e com que nos perguntemos se estamos procurando no lugar certo. É como aumentar a área de uma loja exponencialmente sem aumentar sua lista de desejos — o resultado é que a busca por amor se torna um trabalho difícil, quase em tempo integral.

Você pode estar se perguntando: "Como paro de procurar por amor"?

"Você encontra o amor quando não está procurando" pode ser uma frase irritante, mas há verdade nela. O amor acontece no momento em que você está menos desesperado por ele, quando não está pensando em excesso. Então, em vez disso, arrume um hobby mais dinâmico do que sua busca por amor. Use a lista do poder supremo para fazer isso — escreva "Me traga um hobby dinâmico" no lado direito da página (veja a página 42). Já vi isso funcionar muito bem com as pessoas.

Toda essa busca desesperada por amor pode levar a menos amor-próprio e, sem essa autoaceitação, todos os aplicativos de relacionamento do mundo só vão espelhar esse sentimento. Quando encontrar paz de espírito, você terá mais clareza sobre quais são os melhores caminhos a seguir. E o caminho pode ser um desses aplicativos — ou não. Mas você estará lúcido, e não procurando desesperadamente; terá certeza do que é melhor para você. Saberá o que fazer e conseguirá aqueles incentivos internos que o guiarão até aqueles encontros no "lugar certo, na hora certa".

Se está carente, seja amigo da sua carência. Permita-se ser carente e desesperado, se isso é o que você está sentindo — isso pode ser o treino de que precisa neste momento. A carência é o treino para o oposto: autonomia, força e independência. Também é o treino para um ótimo relacionamento. "O que há de bom em ser carente" pode ser: "Está tudo bem querer amor. Mostra que me importo em conhecer alguém e que tenho ambição por amor. Muitas pessoas que estão agora com sua alma gêmea provavelmente sentiram carência. O fato de eu me sentir assim mostra que vou conhecer alguém".

> QUANDO SE TRATA DE ENCONTRAR AMOR, SEU ESTADO DE ESPÍRITO IMPORTA MAIS DO QUE QUALQUER OUTRA COISA.

O que fazer para não procurar pelo amor

E agora que clareou seus sentimentos de carência, aceitando-se exatamente como você é (e aceitando seus sentimentos como eles são), comece a amar a situação na qual está. Mas também ame estar solteiro. Simples assim. Se não ama estar solteiro quando é assim que está agora, você não ama realmente a si mesmo.

Quando apresentei uma série de workshops populares sobre relacionamentos, chamada "Encontrando o amor", descobri que o que acabo de compartilhar é uma das abordagens mais eficazes — conseguir um hobby mais excitante do que a busca pelo amor e se apaixonar pela sua solteirice. Muitos participantes disseram, meses depois dos workshops, que encontraram sua cara metade por meio dessas duas práticas.

Existe essa ideia de que encontrar a pessoa certa vai resolver todos os seus problemas, e de que só assim você será feliz — mas você pode ser feliz sem um parceiro. Não estou pedindo para que você finja amar sua solteirice, estou dizendo que há muitas coisas boas em ser solteiro, e que é sua tarefa encontrá-las de forma genuína. Você pode fazer isso, as portas da felicidade serão abertas para você, seja em breve com o parceiro ideal ou solteiro e feliz neste momento. Não estou pedindo que ame ser solteiro para sempre — apenas agora, esta semana, por exemplo. Por que estragar outra semana pensando que está no lugar errado da sua vida?

> AMAR ESTAR SOLTEIRO SIGNIFICA QUE VOCÊ NÃO ESTÁ ANSIANDO PELO AMOR, SEU PRINCIPAL BLOQUEIO PARA ENCONTRAR O AMOR.

Lembro-me de uma vez que eu estava solteiro e uma amiga (que estava em um relacionamento maravilhoso) me contou que havia momentos em que ela sentia falta da época em que era solteira, e que eu devia começar a apreciar minha solteirice enquanto podia. Afinal, ela acrescentou, eu poderia conhecer alguém em alguns dias, e então desejaria ter feito mais coisas, em vez de tentar o tempo todo encontrar o amor da minha vida.

Suas palavras me tocaram fundo. Então, embora parecesse estranho no início, comecei a fazer listas sobre ser solteiro, e passei a amar tanto essa condição que chegava a me perguntar por que alguém ia querer namorar. E, então, adivinhem? Em poucos dias, e pela primeira vez em muito tempo, comecei um relacionamento incrível. Consegui o que queria quando não queria — o que é meio verdade. Mas a verdade é que, lá no fundo, queria um relacionamento, e esse relacionamento me pareceu certo. Quando amei meu momento como ele era, toda ansiedade passou. Eu estava no controle, por assim dizer.

Pode parecer estranho — para mim, pelo menos, foi —, mas você deve ficar tão animado por estar solteiro a ponto de nem saber se ainda quer conhecer alguém. Lembre-se: não é amar ficar solteiro para sempre, mas só hoje ou durante essa semana. Você não está fazendo uma lista para "fazer um relacionamento acontecer", você simplesmente está fazendo isso porque é ótimo estar solteiro — e é sua tarefa descobrir o porquê. Então, pegue um papel e faça uma lista "O que há de bom em" ser solteiro.

Ame todas as partes do seu "eu namorado"

Começar a namorar alguém pode trazer mais medo, e muitas pessoas compartilharam comigo que se preocupam em cometer erros, em se apaixonar muito rápido ou serem ansiosas demais. E adivinha? Elas provavelmente farão o que sempre fizeram, pelo menos no início. Então, em vez de tentar mudar as coisas que você normalmente faz, seja mais gentil consigo quando as fizer. Em outras palavras, você ainda pode se pegar verificando as redes sociais da outra pessoa como se fosse um detetive. Ou mandar mensagens de texto demais. De qualquer forma, ame a si mesmo. Quando fizer isso — o que significa que se ama incondicionalmente e que está sendo mais gentil e mais compreensivo consigo —, você descobrirá que esses comportamentos indesejados vão parar sozinhos.

As pessoas tendem a espelhar a opinião que você tem sobre si mesmo, então não se surpreenda quando pensarem que você é muito apegado ou inseguro, se é isso o que você diz para si mesmo. As outras pessoas estão só concordando com sua opinião. Elas simplesmente estão lhe dizendo o que diz para si mesmo, e vice-versa: quando você ama suas manias (como mandar mensagens de texto demais), você se torna para o outro menos aquela "pessoa louca e desesperada" e mais "não é incrível que ele se importe tanto, a ponto de me mandar tantas mensagens?".

Faça uma lista "O que há de bom nos meus erros" para passar por todos os outros "erros" que você comete ao namorar — e descubra um modo de aceitá-los. Afinal, você já tem o hábito de fazer essas coisas de qualquer maneira, é assim que você é no momento. Não querer fazer essas coisas não está ajudando e, na verdade, isso só o deixa ainda mais irritado consigo quando as faz novamente. Nunca dá certo sentir vergonha de si mesmo — em vez disso, aceite-se por inteiro, as partes de que gosta e as partes que quer mudar. A chave é amar todas as partes de si mesmo. E, se você se sentir envergonhado, aceite isso também, por meio de práticas como a lista "O que há de bom em..." (veja a página 75) e processo de liberdade (veja a página 85).

Você vai atrás do tipo "errado" de pessoa?

Tem gente que diz que é atraído pelo tipo "errado" de pessoa: pessoas indisponíveis ou que não querem compromisso. Criticam a si mesmas por irem atrás de malandros em vez de boas pessoas e até participam de workshops em uma tentativa de mudar, mas isso raramente impede de serem atraídos por esses tipos. Depois se sentem pessoas fracassadas por fazerem a mesma coisa quando "já deviam ter aprendido".

Conhecer seus hábitos negativos e mudá-los são duas coisas completamente distintas. Pensar que seu tipo de pessoa é "errado" é só outra forma de sentir que você é errado — e isso não é bom, apenas mais autocrítica. Em vez disso, comece a se aceitar incondicionalmente.

E se, em vez disso, você escolhesse ver que é atraído pelo tipo certo de pessoa para quem você é agora? Esse é um jeito diferente e mais autoafirmativo de olhar para a questão. Então, vamos começar sabendo que nada deu errado — você está onde deveria estar e não tem problema nenhum estar do jeito que está. Apenas aceite-se neste momento.

Quando você acha que se sente atraído por alguém porque essa pessoa está indisponível, isso só aumenta sua vergonha. Faz pensar que há algo muito errado com você. É como se chamar de autodestrutivo ou de um desses rótulos inúteis e deprimentes que parecem ajudar, mas não ajudam. É só mais autocrítica para afastar você do amor-próprio e, portanto, de todas as respostas que procura.

> ESTAR CIENTE DE SEUS HÁBITOS NEGATIVOS E MUDÁ-LOS SÃO DUAS COISAS COMPLETAMENTE DISTINTAS. A ACEITAÇÃO EMOCIONAL ABRE A PORTA PARA A MUDANÇA QUE VOCÊ ESTÁ PROCURANDO, E QUE JÁ ESTÁ PRESENTE EM VOCÊ.

Nada disso é verdade. Você se sente atraído por alguém por vários motivos — muitos deles bem-intencionados. Talvez porque você achou a pessoa excitante, atraente, sexy e bem-humorada? Isso faz você parar de sentir que há algo de errado, transformando-o em alguém capaz de aceitar a si mesmo. Quando você se concentra nas partes do seu "tipo de pessoa" que faz todo sentido gostar, passa a ter uma atitude mais saudável, e seus relacionamentos vão espelhar isso. Tentar não ser atraído pelas pessoas erradas pode torná-las mais atraentes, deixando-o ainda mais frustrado com si mesmo.

Lembro-me de trabalhar com uma mulher que resolveu amar incondicionalmente todas as suas partes, e acabou finalmente deixando de lado a vergonha que tinha de se sentir atraída pelo "tipo errado" de pessoa. Ela aceitou quem era e o tipo de pessoa por quem se sentia atraída — e agora ela é atraída por (e atrai) pessoas que são excitantes e ao mesmo tempo a tratam com respeito.

A IRONIA É QUE, AO ACEITAR INCONDICIONALMENTE QUE VOCÊ É ATRAÍDO PELO TIPO "ERRADO" DE PESSOA, VOCÊ ACABA SENDO ATRAÍDO PELO "CERTO".

Faça a lista "O que há de bom em..." (veja a página 75) para lidar com qualquer sentimento ou situação que você tenta evitar enquanto está namorando, seja ciúmes, flerte ou confiança. Ao aceitar a si mesmo, é mais provável que você atraia a pessoa certa e seja mais criterioso com seus sentimentos.

Siga o fluxo dos seus sentimentos

Os anseios nos envolvem — mas não podemos ansiar e amar a nós mesmos (ou a qualquer outra pessoa) ao mesmo tempo. Pode ser cansativo lutar contra o que está acontecendo ou ficar esperando que a outra pessoa ligue. E pode ser cansativo também se culpar por esperar que a pessoa ligue enquanto diz a si mesmo "Como você é desesperado!". Está tudo bem sentir o que você sente. Está mais do que tudo bem — você deveria se sentir assim neste momento.

Então, aceite o que quer que esteja sentindo, exatamente como é, e siga a correnteza do sentimento. Claro, você não precisa escolher conscientemente ser rejeitado, mas se está se sentindo dessa forma, o jeito de se livrar disso é aceitando esse sentimento. Siga o fluxo do sentimento de rejeição. Sinta-se rejeitado, se é isso o que você está sentindo, dessa forma você está sendo compreensivo consigo.

Repita variações de "Eu estou me sentindo assim porque deveria estar me sentindo assim". Por exemplo: "Não devíamos nos falar agora porque não estamos nos falando". Se ficar decepcionado por não falar com essa pessoa, diga em voz alta (ou mentalmente): "Eu estou desapontado porque deveria me sentir desapontado". Então, pare de novo e faça o mesmo com o próximo sentimento que surgir ou com a próxima situação que lhe vier à mente, repetindo: "Isso está acontecendo porque deveria acontecer" ou "Eu estou me sentindo assim porque deveria me sentir assim". Não desperdice essa oportunidade. Isso é um treino e um momento de avanço. Você vai resistir fortemente a fazer isso, mas siga em frente até se sentir aliviado. Então, vá fazer outra coisa.

Preparar-se para evitar essas emoções intensas é pior do que as emoções intensas em si. Deixe o medo de lado, ou qualquer que seja seu estado de espírito atual, usando o flutuador de corredeiras (veja a página 59). Segure um travesseiro e deixe que seu estado de espírito tome conta de você. Acolha o fato de a outra pessoa não ter ligado ou de ter mentido. Acolha tudo. Segure o travesseiro e relaxe nas corredeiras do sentimento. Sei que é estranho, e parece que você vai ser levado para a direção errada, mas há um imenso poder em aceitar o modo como está se sentindo. Quando estiver em casa e tiver um momento, segure a "boia" e relaxe nas corredeiras.

> O QUE VOCÊ QUER É AMOR: AME-SE MAIS.

Manutenção do relacionamento

Se está em um relacionamento, a melhor maneira de mantê-lo é passar um tempo apreciando-o. Nossa tendência é procurar falhas no nosso parceiro e tentar corrigi-las. Em vez disso, tente ignorar as falhas dele e faça uma lista das coisas que estão indo bem e das coisas que você ama nele e no relacionamento.

A comunicação é importante, então sempre sintonize seu "eu real" por meio das práticas deste livro ou de práticas similares. Quando focar mais em procurar as coisas boas do seu parceiro, você ainda dirá o que precisa ser dito, mas fará isso com mais efetividade. Você será ouvido, e as mudanças ocorrerão, deixando para trás aquela "ladainha" infinita que não é escutada.

Se quer que seu parceiro faça mais para que você se sinta amado, é um sinal de que você precisa se amar mais — e tentar amá-lo mais. De toda forma, esse é o único poder real que você tem. Esperar que seu parceiro mude é perda de tempo, é como esperar que o espelho mude. Quando você muda, o mesmo acontece com seu mundo e tudo que faz parte dele. Isso não quer dizer que você deve tolerar qualquer coisa — e, de toda forma, peça o que deseja —, mas, ao mesmo tempo, tente dar a si mesmo o que está esperando do outro.

Você também quer viver de acordo com seus próprios padrões, o que significa que sabe quem você é e que tipo de relacionamento quer. Fale quem é e o que deseja para que não sobre espaço para confusão ou adivinhações. Isso lhe dará grande poder, pois está sendo quem você é sem a impotência e o excesso de pensamento causado pela mentira. Seja orgulhosamente você. Não deixe alguém forçá-lo a mentir. O que quero dizer com isso é que somos mais felizes quando ousamos ser nosso eu autêntico e verdadeiro do que quando buscamos nos conter por medo do que vão pensar. Seja poderosamente você mesmo. Como eu disse, faça isso para seu bem, não para o bem do seu parceiro. O resultado disso, porém, vai beneficiar seu parceiro.

Liberdade nos relacionamentos

Muitas pessoas lutam para lidar com uma sensação de liberdade e de segurança. Queremos as duas coisas. Parece que, quando estamos em um relacionamento, precisamos abrir mão da aventura e da variedade. E, quando estamos solteiros, parece que não temos o mesmo nível de segurança ou companheirismo que um relacionamento traz. Por sorte, você não precisa escolher entre a liberdade e seu parceiro.

A primeira coisa a se fazer é perceber que esse dilema é humano — e não há nada de errado em tê-lo, assim como desejos opostos. Apenas ame-se como você é. Você vai começar a fazer as pazes com esse desejo de ter as duas coisas. Faça a lista "O que há de bom em..." (veja a página 75) para esses seus dois lados. Só depois de amar todos os aspectos de si mesmo, você será capaz de amar seu parceiro incondicionalmente. O que descobri, mesmo que seja difícil de acreditar, é que você poderá alcançar uma mentalidade em que tem liberdade e segurança. Você e seu parceiro terão novas ideias, criarão novos planos, terão mais diversão na vida, e não faltará nada.

Às vezes, também deixamos um relacionamento porque desistimos de algo na nossa própria vida, o que nos faz projetar sentimentos de vazio no relacionamento. Mas o tédio se deve aos nossos próprios pensamentos excessivos e tem pouco a ver com a outra pessoa. Você já tinha se sentido entediado antes desse relacionamento? Claro que sim. Isso mostra que o problema não era o relacionamento. Você está entediado com seus próprios pensamentos, e está projetando esse tédio no seu parceiro. O dilema é que você não está sendo você. Se desistir do relacionamento, é provável que leve esse estado de espírito com você de toda forma. Em outras palavras, é sua função criar animação na sua vida. Quando fizer isso, essa animação vai permear todos os seus relacionamentos.

É o mesmo com várias emoções — como sentir que seu relacionamento o prende ou o confina, ou se sentir irritado por causa dele. Mas, na verdade, são seus próprios pensamentos sobre o relacionamento que o prendem, confinam e irritam. Ou algo está fazendo você pensar em excesso. Em muitos casos, seu excesso de pensamentos é o problema. Muitas pessoas sabotam seus relacionamentos ao pensar dessa forma. Se o relacionamento perdeu aquela chama da paixão, faça a gratidão 150 (veja a página 91) para todas as vezes que sentiu a chama. Pense nisso. Às vezes, querer aventura — ou ter outros parceiros — diz respeito a tentar aliviar o tédio não só no sexo, mas no geral. Talvez seja hora de buscar um novo hobby ou um novo interesse.

Pode ser que você se sinta um pouco obcecado com seu parceiro e seja ciumento ou possessivo. Você pode estar mais interessado na vida dele do que na sua. Nesse caso, precisa se distrair com algo que ocupe sua mente. Isso pode ser um incentivo para você se reconectar consigo em vez de se colocar de lado. Lembre-se de que você é a estrela do seu show, não seu parceiro.

Quando não estiver com seu parceiro, elimine todos os seus medos e dúvidas com listas de apreço por ele. Liste os pontos bons dele e as vezes em que ele demonstrou amor. Substitua o excesso de pensamentos pelo amor. Pense em todas as coisas que ele faz bem. Amá-lo não quer dizer ser um capacho — é um presente para si mesmo e a chave para seu empoderamento.

Aperte o botão de pausa

Quando as pessoas me perguntam se devem permanecer em um relacionamento ou sair dele, raramente respondo de imediato. Sei que ao fazer essa pergunta a pessoa está me dizendo que não está pronta para tomar essa decisão e precisa fazer uma pausa. Sugiro que ela limpe os pensamentos excessivos (por meio de técnicas como as que você leu neste livro) para que possa encontrar clareza e descobrir o que fazer.

Mas, se você quer uma solução, considerando que não há algum perigo ou alguma agressão acontecendo, minha resposta é: "Neste momento, continue; e faça um processo". Fique e limpe sua mente para saber o que fazer, então não vai precisar se perguntar o que fazer. Ficar não é tomar uma grande decisão ou ação — quer dizer que você não quer ir embora agora: você está fazendo uma pausa.

Durante essa pausa, recomendo que pegue um papel e uma caneta e se apaixone novamente pelo seu parceiro (lembrando-se de todos os bons momentos que compartilhou com ele e escrevendo-os em uma lista gratidão 150; veja a página 91), o que ajudará a abrir a porta para respostas. Também recomendo que dedique um tempo à meditação e busque por orientação. Lembre-se: nessas práticas de amor e silêncio está a chave para acessar a clareza do "eu real".

Você continua amando até que seu poder volte e a solução apareça. Ao fazer isso, você amará o certo e não o "errado" da sua vida, ou — se for pra ser — transformará um relacionamento problemático em algo melhor. Então, na dúvida, fique e ame. Dessa forma, você terá certeza — uma resposta clara — e saberá o que fazer. Você se afastará com seu poder e terá apenas coisas boas diante de si, sem nenhuma dúvida. Quando desiste cedo demais, de um jeito forçado, em geral encorajado por amigos bem-intencionados, você abre a porta para arrependimentos. Claro, dá para fazer as pazes com eles no futuro mas, se puder, permaneça no relacionamento e faça o processo primeiro.

O mesmo vale para um emprego do qual você não gosta ou qualquer outra situação parecida. A menos que você não aguente mais e precise sair, eu diria para você ficar, do melhor jeito que puder. Se sair, ame a si mesmo. Somos todos humanos, temos limites. A partir desse estado de ser gentil consigo, tudo vai se ajeitar para todos, e não haverá estranhamentos.

Capítulo 4

RELACIONAMENTOS MELHORES COM ENTES QUERIDOS E COLEGAS

Encontrar seu jeito é a melhor coisa que você pode fazer para ajudar os outros a encontrar o deles.

É difícil quando você se preocupa com seus entes queridos e se sente impotente para ajudá-los, sendo que a infelicidade deles o afeta. Quando você se importa com alguém — seja seu companheiro, seu pai, mãe, irmão ou filho —, às vezes é um desafio ajudá-lo a se sentir melhor. Você pode oferecer apoio, mas é desgastante quando eles não escutam. Na perspectivas deles, estão sendo criticados. Afinal, ninguém gosta de ser motivo de preocupação. E há aqueles parentes que sabem seus pontos fracos. Ou colegas de trabalho que são realmente chatos ou que irritam você. Neste capítulo, você descobrirá jeitos práticos de melhorar esses relacionamentos.

O melhor jeito de ajudar os outros

Em geral, nos sentimos responsáveis por aqueles que amamos e sentimos que é nossa responsabilidade animá-los ou salvar o dia deles. Mas, às vezes, quanto mais você tenta animá-los, mais eles ficam presos ao problema, e você começa a se sentir pior, até que uma nuvem paire sobre vocês. O que todo mundo realmente quer é conectar-se com seu "eu real" — e forçar isso raramente dá certo. Então, você fica preocupado, o que é um treino para o que quer. Mas agora é hora de ir para a próxima parte — entregar tudo para a vida.

É reconfortante como, depois de um período de preocupação (quando deixamos essa preocupação com os outros para lá e damos um passo para o lado), as pessoas do nosso convívio encontram soluções, aparentemente por conta própria. Podemos continuar ajudando em termos de tarefas, mas não precisamos ficar pensando que é nosso dever consertar as coisas.

Pode ser frustrante quando alguém que você está tentando ajudar não ouve seu conselho. É aí que entra a lista "O que há de bom em..." (veja página 75). Primeiro, fique bem com sua própria frustração ou exasperação, ela é compreensível. Por exemplo, "ela não devia seguir meu conselho porque não está..." — e então liste os motivos. Você pode escrever:

- Será que não é o momento errado para ela seguir o que eu digo?
- Será que não há um jeito melhor de ela resolver essa situação?
- Ela está encontrando seu próprio poder.
- Será que isso não está me mostrando que preciso receber algum conselho — mesmo que seja uma orientação dada por mim mesmo?

Está tudo bem se preocupar. Isso mostra que você se importa. De fato, está mais do que tudo bem. Preocupar-se com alguém é como orar por essa pessoa, isso faz com que a solução da qual você se preocupa evolua para melhor. Faça o processo de liberdade (veja a página 85) para ajudar nas suas preocupações e descobrirá isso por conta própria.

Lista do poder supremo revisitada

Primeiro, pare e faça uma lista do poder supremo (veja a página 42). Quando tiver algum espaço físico para suas preocupações, talvez um aposento diferente, enquanto a pessoa em questão está fazendo alguma coisa fora, pegue a lista. No lado direito, escreva, por exemplo:

- Arrumar meu relacionamento com André;
- Ajudar André a se conectar com seu "eu real";
- Ajudar André a mudar seu entendimento para que ele possa se sentir bem.

Apenas anote todas as preocupações que você tem ou sinta em seu íntimo e escreva-as em forma de pedido, no lado direito da página.

Não se trata de dar as costas para a pessoa que está ajudando. Trata-se de dar as costas para seus próprios pensamentos, são eles que estão impedindo uma ajuda efetiva. Continue fazendo o que está fazendo para ajudar, verificando como a pessoa está etc. Mas, ao mesmo tempo, lide com o excesso de pensamento fazendo estas práticas. Por exemplo:

"Conecte _____ com seu 'eu real'."

Todo mundo quer essa conexão, então fazer esse pedido em benefício da pessoa com quem você se preocupa não é controlá-la. Coloque esse pedido do lado direito e vá para o lado esquerdo, anotando seus processos favoritos do curso para conectar a si mesmo, tais como a meditação de ponto focal (veja a página 47), a lista "O que há de bom em..." (veja a página 75) etc. No início, era problema deles, mas a influência deles fez você se desconectar. Então, a melhor coisa que podemos fazer é nos conectarmos, enquanto continuamos a descarregar as preocupações com eles no lado direito da folha, conforme aparecem.

Você pode achar que a resposta é continuar compartilhando as ideias deste livro com a pessoa e levá-la a fazer as técnicas, mas ela pode não estar escutando. Fazer suas práticas é normalmente o primeiro lugar a se começar. Às vezes, ter pessoas ao seu redor que "não estão se ajudando" é um incentivo para que você pratique o que sabe, em vez de dizer aos demais para fazer o mesmo. Primeiro, ajude a si mesmo.

> PERGUNTE A SI MESMO: "ESTOU MEDITANDO TANTO QUANTO DISSE QUE FARIA?". DEPOIS, CONCENTRE-SE EM VOCÊ.

Quando você fizer suas próprias práticas, seu poder de influência será maior e mais autêntico e, à medida que fizer o que sabe e parar de ficar falando, você vai inspirar outras pessoas.

"Cerque _____ de anjos, trazendo-o(a) ao perfeito equilíbrio, à cura e à felicidade."

Se você estiver preocupado com uma situação ou com uma pessoa, talvez um amigo ou um membro da família que esteja passando por alguma situação que o deixe aflito, cerque a pessoa ou a situação de anjos, escrevendo seu pedido ou sua oração do lado direito da lista.

Preencha mentalmente a casa da pessoa com anjos, luz e amor. Visualize esses anjos na forma que sabe que chamará a atenção da pessoa — esses amorosos seres de luz. Ou pode imaginar a pessoa cercada por formas espirituais com as quais você sabe que ela se relaciona, a partir do caminho espiritual dela, por exemplo. Ou alguma outra figura surpreendente, qualquer uma que seja uma representação para você ou para ela dessa energia divina bonita e poderosa. Isso permite que você relaxe, sabendo que fez o que pôde. Você não precisa pensar nem se responsabilizar por isso, deixe que os anjos cuidem de tudo (ou qualquer que seja a palavra que você usa para se referir ao poder supremo). Relaxe no amor divino, sabendo que o melhor apoio é o aqui e agora.

Lide com a raiva

Se está zangado ou irritado com alguém que ama, perceba que você é humano e que está tudo bem. Ninguém é perfeito o tempo todo.

Às vezes, sentimos vergonha da nossa raiva. Ninguém gosta de ser causa de irritação — então, não olhe para a pessoa com quem está irritado em busca de aprovação. Algumas pessoas projetam a própria raiva no outro, dizendo que é ele que está irritado, não ela, e que ele precisa lidar com

> NOS ENVERGONHARMOS DE FICAR IRRITADOS NÃO FAZ A RAIVA IR EMBORA, SÓ A REPRIME E A TORNA PIOR.

isso tamanha é a vergonha da raiva. Sem reconhecê-la, sem aceitá-la como é, somos levados a reprimi-la ou a agir de forma negativa. Então, uma vez que você ficou zangado e expressou isso com palavras ruins ou erguendo a voz, faça as pazes com o que aconteceu e olhe para o lado bom disso. Por exemplo, a raiva pode ter feito você evoluir. Pode até fazer uma lista "O que há de bom em..." para a raiva. Por exemplo:

- Expressar minha raiva fez eu me sentir um pouco melhor;
- Todo mundo fica zangado às vezes;
- Até os bebês, que são tão adoráveis, às vezes ficam zangados, mas eles não se sentem culpados e rapidamente seguem em frente.

Então está tudo bem perder a calma. É assim que aprendemos. Ame a si mesmo. Amar-se o fará entender os rompantes dos demais. Quando, antes de mais nada, você se dá o benefício da dúvida, pode fazer o mesmo em relação aos demais com mais facilidade.

Você descobrirá que, assim que aceitar a si mesmo, ficará menos zangado e por menos tempo, mesmo que esteja com raiva, e vai começar a aceitar que os outros fiquem com raiva. Esse é outro exemplo de como a mente funciona e de que a partir do momento que você para de lutar contra o lugar em que está agora, as coisas mudam para melhor. Ao aceitar onde está, você se liberta para se sentir bem. Como o "eu real" não conhece a raiva, quando o adentramos, as nuvens de raiva simplesmente vão embora.

Em última análise, a raiva mantém a mente do "eu inferior" no controle. É um círculo vicioso: ficar irritado, depois zangado, depois sentir-se culpado e então ficar irritado e zangado de novo. Quando você reage ou fala estando nesse estado de espírito, isso só cria mais problemas. Sentimos um enorme impulso de falar quando estamos nesse estado.

Falar quando se está zangado — ou pensando em excesso, quando você se sente menos do que é —, significa que você está "falando na língua das tempestades de neve". Quando está na tempestade de neve dos pensamentos em excesso, você provavelmente tem vontade de começar a falar. Mas o que dirá será na língua da tempestade — e, portanto, inútil, equivocado e provavelmente com um impacto negativo. Então, faça uma pausa. Em vez disso, deixe os pensamento se assentarem. (Claro, está tudo bem se você disser algo ruim — todos fazemos isso de vez em quando, e não tem problema —, isso está evoluindo os aspectos mais produtivos do seu discurso).

CONFORME AMA A SI MESMO — TODAS AS PARTES DE SI MESMO —, VOCÊ SE TORNA SEU "EU REAL", QUE NÃO CONHECE A RAIVA.

Com frequência, as pessoas dizem: "Ah, não posso evitar meu temperamento" — e, mesmo assim, em certas situações, como em uma entrevista de emprego, no local de trabalho ou em uma reunião, elas conseguem se comportar. Então, você consegue evitar, só precisa de prática. E evitar isso é um presente para si mesmo. Conte até dez antes de falar. Acomode-se, conecte-se com seu "eu real" e depois fale.

Se está tendo problemas com um colega de trabalho ou um membro da família, e ele está fazendo com que você fique zangado ou sentindo alguma outra emoção indesejada, faça novamente a lista do poder supremo (veja a página 42). Escreva, por exemplo:

"Me mostre o melhor de (escreva o nome da pessoa)". E então faça uma lista de gratidão sobre os membros da família e os colegas de trabalho. Escreva o nome deles no alto da página — ou faça uma página para cada pessoa — e liste o máximo de coisas boas que puder encontrar sobre elas. Não precisa ser 150 itens, como mencionei no curso, mas escreva o máximo que puder.

Relacionamento com os pais

As pessoas acham que a função dos pais é amá-las incondicionalmente e aceitá-las assim como são, mas isso é um caso é raro, então precisamos perceber quanta dor essa expectativa pode causar. Claro, seria lindo se seus pais (e todo mundo, na verdade) oferecesse aceitação e apoio incondicionais, mas essa não é a tarefa deles — é a sua tarefa.

Os pais, assim como todos os demais, estão aqui para espelhar você, para que você possa encontrar seu poder. O que descobri é que, assim que crescemos, a tarefa predominante dos nossos pais é evidenciar nossos pontos fracos — refletir nossos pontos fracos e então nos dar essa informação. E, em geral, eles são muito bons nisso.

A maioria das pessoas com quem trabalhei que tem um relacionamento emocional ruim com os pais, não entendeu a função deles. Essas pessoas podem ficar furiosas e magoadas por não estarem sendo defendidas e não aceitam críticas. O que elas não percebem é que a falta de apoio dos pais é, em geral, o reflexo da sua própria autocrítica. É um presente, como ser orientado pelo melhor treinador da academia. Precisamos ver nossa autocrítica o mais nitidamente possível para poder mudá-la.

Todo mundo lida com a autocrítica, então não estou dizendo que, ao ter pais críticos, você é mais autocrítico do que aqueles que não têm. Estou só lhe oferecendo uma forma de usar essa "negatividade" a seu favor. Quer seus pais estejam por perto ou não, essa prática é útil — pois podemos trazer o relacionamento para nossa mente.

Primeiro, faça uma lista do poder supremo (veja a página 42): "Resolva meu relacionamento com meus pais". Agora, você pode trabalhar no lado esquerdo — o que pode incluir, por exemplo, o botão mágico (veja a página 111).

Considerando o botão mágico, vamos usar o seguinte exemplo: "Meus pais acreditam em mim, me aceitam e me aprovam incondicionalmente". Escreva isso (ou um exemplo similar de algo em que você precisa da aprovação de alguém) no alto da página. Embaixo, escreva como acha que se sentiria se seus pais o aprovassem. Por exemplo: Se eu pudesse apertar o botão "Meus pais acreditam em mim, me aceitam e me aprovam incondicionalmente".

- Quero me sentir respeitado;
- Quero sentir aprovação por mim mesmo;
- Quero me sentir defendido;
- Quero me sentir bom o bastante;
- Quero me sentir reconhecido e quero que acreditem em mim;
- Quero sentir autoconfiança;
- Quero me sentir livre;
- Quero me sentir empoderado;
- Quero sentir que estou fazendo a coisa certa.

Então, quero lhe perguntar o que você escolheria, se pudesse: seus pais concordando com suas escolhas de vida ou você sendo capaz de aprovar a si mesmo? E você tem certeza de que, se eles aprovassem seu estilo de vida, isso seria o suficiente para fazer você se sentir bem? Afinal, muitas pessoas têm a aprovação dos pais e não se sentem tão bem assim consigo mesmas. Se seus pais acreditassem em você, tem certeza de que, enfim, acreditaria em si mesmo?

Você prefere que a primeira alternativa ocorra, que seus pais acreditem em você e aceitem sua escolha de carreira/estilo de vida (ou o que quer que tenha escrito ali), ou prefere que a lista do "Quero me sentir..." ocorra, ou seja, que você acredite em si mesmo? O que você escolheria se pudesse escolher apenas uma alternativa?

Então, você escolheria a segunda setença, para conhecer plenamente a lista "Quero me sentir...". Agora que sabe que é realmente isso que você deseja, agradeça aos seus pais por não aprovarem o estilo de vida que você decidiu levar. Isso é apenas um espelho para mostrar o que não aprova em si mesmo. Seus pais são presentes, eles espelham o que você sente sobre si mesmo em determinada área.

Quando entender isso verdadeiramente e começar a trabalhar para sentir as declarações do "Quero me sentir..." — o que o fará sentir-se mais confiante —, seus pais vão mudar para aprovar você. Mesmo que isso não aconteça exatamente, você ficará numa boa com eles de qualquer forma. Em outras palavras, isso não incomodará mais você, e se isso incomoda, talvez tenha que treinar algum músculo.

Use o botão mágico em outros relacionamentos

Também é possível usar o botão mágico quando você acha que precisa de uma resolução. Às vezes, ficamos obcecados com uma situação que está tirando nosso poder. Caímos em todas as complicações de tentar entender as coisas e destrinchamos todas as possibilidades, em geral nos preocupando durante o processo. Isso não leva a lugar algum. Se está fazendo isso, pare e pergunte o que você quer de verdade. Em outras palavras: como quer se sentir?

Por exemplo: um amigo próximo ou um membro da família está doente, e você se sente impotente. Se pudesse, apertaria o botão "Essa pessoa estaria em perfeita saúde, sentindo-se incrível e amando a vida". Então, anote a situação que quer que ocorra. Nesse caso, você quer que essa pessoa fique bem novamente — algo que não é capaz de controlar. E, embaixo, escreva os sentimentos que acha que terá se isso acontecer. Escreva "Quero sentir" diante de cada descrição do sentimento. Por exemplo:

- Quero sentir segurança;
- Quero sentir que tudo vai ficar bem;
- Quero me sentir fora de perigo;
- Quero me sentir abençoado;
- Quero me sentir amado pela vida;
- Quero me sentir confiante;
- Quero me sentir seguro e confiar na vida.

Sentir-se sem controle é difícil, e essa técnica pode resolver esse problema. Quando "aperta o botão", você chama seu poder de volta. E então a vida reflete essa nova sensação de confiança sem que a situação tivesse que mudar para o jeito que você queria. Quando as pessoas conseguem o sentimento primeiro, é incrível como as situações "externas" mudam para combinar com ele.

Vou fazer uma pergunta difícil: neste momento, você quer que a situação se resolva instantaneamente ou quer sentir os sentimentos que listou, o que quer dizer que seria capaz de lidar com o que quer que aconteça? Outro exemplo: você começou a ser perseguido ou intimidado. Se pudesse apertar um botão: "Que a situação se resolva, e todas as pessoas envolvidas 'acordem', lidem com isso e aprendam a lição".

- Quero me sentir calmo;
- Quero me sentir relaxado;
- Quero me sentir empoderado;
- Quero me sentir validado;
- Quero me sentir ouvido e reconhecido;
- Quero me sentir a salvo;
- Quero me sentir poderoso;
- Quero me sentir forte;
- Quero me sentir amado e protegido.

Você preferiria que a situação se resolvesse, e todas as pessoas envolvidas "acordassem" e aprendessem uma lição? Ou preferiria sentir-se como quer se sentir o tempo todo? O que você escolheria se tivesse apenas uma alternativa? Você consegue ver que o motivo pelo qual quer que essa situação ocorra é achar que isso pode fazer você ter todos os sentimentos que descreveu?

Quando damos a nós mesmos o que precisávamos que uma pessoa ou uma situação nos desse — sentir calma, relaxamento e empoderamento —, em geral o que queremos que aconteça acontece de qualquer jeito. Então, conseguimos as duas coisas — o que queríamos e o nosso sentimento de confiança. A técnica em si é suficiente para despertar você e fazê-lo perceber que se trata de dar a si mesmo o que está procurando lá fora.

Capítulo 5

PERDÃO, DESAPEGO E COMO LIDAR COM JULGAMENTOS

Viva sua vida e seja livre.

Algumas pessoas pensam que perdoar significa, de alguma forma, ser um capacho. Mas não. Perdoar significa renunciar aos pensamentos desconfortáveis dentro de você e livrar-se deles, mergulhando no seu "eu real". Perdoar é ver claramente, é revelar a verdade da situação. Tem pouco a ver com a outra pessoa — você não precisa voltar a falar com ela se não quiser. Tem mais a ver com desapegar dos detalhes desconfortáveis e abrir espaço para novas pessoas e experiências maravilhosas.

Você pode sentir que está do lado certo da situação, e mesmo assim não se sentir livre. É como se houvesse uma inquietude subjacente. O perdão é necessário. Você andou lendo sobre como perdoar. Está tentando perdoar, mas faz isso há anos e ainda não está livre.

Perdoar uma pessoa não quer dizer que ela estava certa, que algo não estava bem e agora está. Essa definição convencional do perdão o coloca em uma posição ruim: diz que, de algum modo, você precisa estar bem com algo que não está bem, que precisa colocar de lado sua própria mágoa e dizer para essa pessoa "está tudo bem o que você fez", enquanto range os dentes e não acredita em uma palavra daquilo. Então, você tenta e fracassa e se sente ainda pior. Você não perdoou, e se sente mal por isso. Mas essa é uma visão antiga e ultrapassada do perdão que não funciona bem para ninguém.

Perdão instantâneo

Um homem de quem eu era coach me contou uma experiência poderosa com a lista do poder supremo (veja a página 42) e o perdão. Ele escreveu: "Resolva o relacionamento que tenho com Sam". (Ele não via Sam há anos, embora se lembrasse do relacionamento deles quase todos os dias.)

Ele explicou: "Sam dormiu com outra pessoa e não admitiu, o que abalou nosso relacionamento. Havia muitas mentiras, e eu não conseguia seguir em frente. Naquela noite, depois de fazer uma lista do poder supremo, tive um sonho no qual vi a situação de forma completamente diferente — e perdoei tudo em um instante. Eu nunca teria feito esse sonho acontecer sozinho, tinha passado horas lendo centenas de artigos on-line sobre relacionamentos, procurando formas de perdoar. Era exaustivo, e não funcionava. Mas, no momento em que me rendi, encontrei a resposta. Não acho que seja coincidência que eu tenha feito a lista na noite anterior. Daquele ponto em diante, parei de pensar em Sam e, desde então, engatei em um relacionamento incrível que acredito que estivesse sendo impedido pela minha obsessão pela Sam".

Use os seguintes passos para encontrar o perdão:

1. Escreva, por exemplo, "Me dê uma nova perspectiva" na lista do poder supremo. Outras declarações que você pode escrever do lado direito da página são: "Resolva essa situação com equidade e justiça", "Ajude-me a continuar amando, não importa o que aconteça" e "Me mostre a verdade nessa situação".
2. Perdoe a si mesmo aceitando seus sentimentos. O lugar para começar é com você. Seu falatório interno adora "apontar o dedo" para outras pessoas ou situações para tirar seu foco de onde a verdadeira mudança acontece — em você. Outro truque da mente do "eu inferior" é tentar nos fazer amar os outros antes que amemos a nós mesmos — o que não funciona. Então, primeiro use a lista "O que há de bom em..." (veja a página 75) e o processo de liberdade (veja a página 85) para aceitar sua raiva, seus incômodos, seus sentimentos de intimidação, medo etc. Lembre-se de que está tudo bem com os seus sentimentos e que você estará ao seu lado durante tudo isso. Todos esses sentimentos tumultuosos geram ganhos — tudo cria —, e você não vai errar. Esses sentimentos são bons, e é sua tarefa aprender isso e aceitar a si próprio. Seu rancor também é necessário para desenvolver amor por si próprio e pela situação. E agora você vai chegar ao estágio final do desapego — procurar o que há de bom no outro.
3. Procure o que há de bom na outra pessoa e na situação em si. Esse terceiro passo é o mais radical de todos — um

convite para olhar o que há de bom na pessoa que você não consegue perdoar, por meio de uma lista de gratidão (veja a página 91). Lembre-se de coisas como o bom humor da pessoa, o modo que ela se vestia ou de quando você a viu demonstrar gentileza. Pode até procurar os benefícios que as ações dela causaram em você (mesmo que seja apenas ensinar amor incondicional, isso beneficiará todas as partes da sua vida). Aprecie a ponto de não sobrar espaço para analisar, pensar em excesso e julgar, ou qualquer coisa que não seja seu "eu real". Isso lhe dará poder. Quando procura coisas boas nessa pessoa — sua "inimiga" —, você deixa de pensar nela, porque passa a amá-la. Lembre-se de que está fazendo isso por você. Dessa forma, o amor é uma arma, e a única que funciona (todas as outras apontam para você e acabam tendo um efeito bumerangue). Isso abrirá caminho para a justiça, sem que tenha que se envolver. O amor não torna você um capacho. E não se trata de recompensar a outra pessoa — amá-la liberta você.

Você não pode ter medo de uma pessoa e apreciá-la ao mesmo tempo. Só precisa amá-la. Assim que você a ama, ela sai do seu caminho. Ame-a para esquecê-la, para que você possa se amar plenamente. Tem que ser real, e é por isso que deve encontrar coisas nela das quais goste autenticamente, para colocá-las no papel. Não dá para fingir gostar de alguém de quem você não gosta. O amor abre a porta para os

> O AMOR É A ÚNICA ARMA QUE FUNCIONA, E É A SUA CHAVE PARA A VITÓRIA.

ganhos. Você recupera seu poder ao amar a outra pessoa. Amá-la não quer dizer que você desiste de seus valores ou que se torna fraco. Significa que você responde com amor, em vez de atacá-la. E isso vai fazer o amor retornar para você muitas vezes.

Não se trata de ação, palavras ou então de conversar com a outra pessoa (você pode nunca mais falar com ela, e está tudo bem). Trata-se do seu relacionamento com si mesmo; trata-se de mandar amor. Trata-se de usar a situação para entrar em seu "eu real".

> O FALATÓRIO MENTAL PODE NOS IMPEDIR DE GOSTAR DAQUELAS PESSOAS QUE "NÃO MERECEM" — MAS ISSO NÃO É VANTAJOSO PARA NÓS.

O que o ajudará a amar a pessoa com a qual tem problemas é vê-la como se fosse uma criança de dois anos — pois, por dentro, ela ainda é. Imagine-a com dois anos, fazendo a mesma coisa que fez. É mais fácil amá-la dessa forma. Afinal, você sempre seria capaz de relevar o que uma criança de dois anos faz.

Às vezes, você pode se sentir perturbado por pensamentos de que a outra pessoa continua desagradável. Sempre que essa pessoa vier à mente, sugiro que fale gentilmente para esses pensamentos a frase "Por favor, permita que ele(a) aprenda". Essa é uma declaração relaxante que tira a outra pessoa da sua mente, garantindo a você que ela aprenderá a lição de que precisa para se tornar alguém mais amoroso.

Use essa frase, que ecoa o neutralizador de pensamentos (veja a página 68), para encarar o pensamento ou a imagem da pessoa quando precisar.

Uma questão para mudar sua perspectiva

Às vezes, ficamos tão fixados no nosso rancor que nos esquecemos de nós mesmos. Podemos ficar tão isolados que o mundo lá fora parece não existir. Em vez disso, você deve perguntar: "Qual é o mundo que eu quero?". Essa simples questão funciona como mágica, como se, de algum modo, você conseguisse imediatamente voltar sua atenção para o mundo inteiro e ampliar sua perspectiva. Não pense na resposta para essa pergunta — apenas repita-a quantas vezes quiser, como um mantra. Isso faz com que você se pergunte como gostaria que o mundo fosse, ampliando seu horizonte. Cria espaço em sua mente para permitir novas ideias. Essa questão vai deslocar seu ponto de vista de dentro para fora em um instante, sempre que você estiver em um estado de espírito obsessivo.

Jornada guiada: círculo do perdão

Esta é uma jornada guiada que apresento nos meus workshops e que gravei para os alunos da minha turma — dessa vez, sobre o tema do perdão.

1. Fique confortável, sentado ou deitado, sem outras distrações ao redor.
2. Visualize-se sendo levado pela mão até uma grande tenda por um anjo ou um guia. A porta de tecido está aberta, e você é levado até um círculo, onde se senta em uma cadeira.
3. A tenda é imensa, com uma abertura no alto e uma fogueira no meio. Ao seu redor estão sábios, guias, guardiões, alguns dos quais você reconhece, outros não, mas em quem confia e sente seu amor e sabedoria.

4. Diante de você está uma cadeira vazia. Você vê mais alguém sendo trazido pela porta do outro lado da tenda. Reconhece que é a pessoa com a qual tem uma conexão, com quem precisa fazer esse exercício de perdão. Ela está sentada diante de você, e parece surpresa de vê-lo ali.
5. Há "juízes", sábios e anjos por toda parte, que sussurram para essa pessoa e oferecem conselhos profundos. Você não precisa julgar. Não precisa fazer nada. Entregue seu julgamento para os juízes, eles falarão com a outra pessoa. Eles cuidarão da situação com equidade. Os sábios não assumem lados, eles cercam vocês dois com amor e se oferecem para ensiná-los, para mostrar novas perspectivas e abrir o coração de vocês para o amor.
6. Fique sentado por um tempo, sabendo que tudo está sendo resolvido com justiça. A outra pessoa é levada embora, e você se sente relaxado. Você está banhado em amor, e a outra pessoa também. A situação foi resolvida de forma justa.
7. Quando estiver pronto, abra os olhos.

Você pode fazer essa jornada sempre que quiser se sentir guiado — nesse processo você relaxa, dá um passo para o lado e deixa a vida resolver a situação.

Viva sua vida (e permita que os outros façam o mesmo com a deles)

Ser crítico, segundo o dicionário, é "ter ou mostrar um ponto de vista excessivamente exigente". O preconceito é descrito como uma "opinião preconcebida e irracional que não é baseada em informação suficiente". Isso poderia definir muitas opiniões que as pessoas têm. Raramente temos informação o bastante para dar uma opinião certeira sobre a vida de outra pessoa, ou mesmo sobre o próprio círculo da vida. Mesmo assim, as pessoas tentam, enchendo revistas, jornais, redes sociais e conversas com essas bobagens. Sim, o julgamento, como tudo, nos faz evoluir — mesmo assim ele não deixa de ser um falatório interno sem significado, que desperdiça nosso tempo e não serve para quase nada.

Opiniões críticas se referem a ter uma opinião antes de estarmos qualificados para ter uma opinião — trata-se de formar um ponto de vista antes de ter visto todo o contexto. Esses pontos de vista são falsos e não nos levam a lugar algum. E, às vezes, se não com frequência, magoam os outros.

A diversidade é um imenso benefício para todos nós, e reações de medo às diferenças são apenas um reflexo do nosso aspecto mais baixo — nosso falatório interno. Quando a mente do "eu inferior" vê alguma coisa nova, ela pode pensar em excesso e ter medo. E muitas vezes o julgamento é baseado no medo do desconhecido — essa frase diz muito, o objeto é desconhecido, o que significa que seria um bom momento para ouvir e aprender, mantendo-se tranquilo até que a informação correta seja recebida. Para encontrar calma, primeiro pare. O silêncio é um bom modo de lidar com seus próprios julgamentos, porque é nele que você percebe que não sabe do que está falando e que é hora de aprender a amar incondicionalmente.

Todos temos julgamentos preconcebidos, então isso não é uma crítica. É só um lembrete para todos nós sobre a importância de nos erguermos acima de tudo isso, porque o julgamento é um obstáculo para o "eu real". É desagradável não só para quem o recebe, mas também para quem o produz. Ser preconceituoso não é natural, não é ser quem você é.

Livre-se das críticas

Aceitar onde você está agora e dar a si mesmo o benefício da dúvida é o primeiro passo para fazer mudanças. Algumas pessoas podem ter sido criadas em um passado de críticas, seja em família, ou em uma época ou cultura diferentes, então não quero culpar ninguém pela perspectiva que tenha tido no início. O amor-próprio incondicional é o jeito de fazer mudanças, e todos começamos de lugares distintos.

Pode parecer uma desculpa para crenças falsas — mas não é. Exigir que a outra pessoa mude seu ponto de vista não é uma abordagem muito bem-sucedida, afinal, ninguém gosta de ser obrigado a nada. Em uma atmosfera de amor, a crítica desaparece e a perspectiva correta surge — o que não é uma opinião, mas amor incondicional.

> A ACEITAÇÃO INCONDICIONAL FAZ VOCÊ SE LIVRAR DO QUE NÃO QUER.

Em geral, pessoas críticas são igualmente duras consigo mesmas. Embora atraiam críticas, é de amor que elas precisam. Bem lá no fundo, amamos incondicionalmente todo mundo. Então, contrapor um ponto de vista não amoroso com amor incondicional é o jeito de fazer esse ponto de vista desaparecer como nuvens em um dia ensolarado. O que resta é o oposto do julgamento: aceitação. Como o processo de liberdade mostra, uma mente fechada pode ser um "levantamento de peso" para a mente aberta. O eu natural, real e autêntico não tem preconceito. Em seu "eu real", você ama e aceita a todos, não importa o que aconteça.

Pontos de vistas críticos contra você

É comum que pessoas que tenham algo diferente se sintam inferiores e, se isso se aplica a você, tente ser extragentil e amoroso consigo. Ser parte de uma minoria pode, algumas vezes, parecer que é preciso lidar com a rejeição constante, e isso é difícil.

Quando alguém está julgando você por ser diferente do *status quo*, há um tipo estranho de elogio nisso, mesmo que você não perceba no momento. Algumas das pessoas mais poderosas e incríveis foram muito julgadas — em geral, isso é inveja. De fato, muito do bullying é inveja: seus agressores querem ser mais como você. A consequência infeliz é que isso treina a pessoa que foi intimidada a sentir como se houvesse algo errado com ela. Em vez de confiar em si mesma, ela começa a acreditar no falatório interno a respeito das vozes externas.

Ela desiste de seu poder. Muitos de nós fizemos isso. Mas agora você sabe que pode encontrar o caminho de volta até seu "eu real". Além disso, esse tempo em que se sentiu inferior a todo mundo não foi desperdiçado. Ele o fortalece e traz ganhos essenciais que vão beneficiá-lo, embora seja muito difícil perceber esses pontos no começo.

Quando trabalho com pessoas que foram vítimas de preconceito, sempre recomendo o processo de autopercepção (veja a página 104). Isso porque, em geral, pessoas que sofreram preconceito viram esse ataque externo contra si mesmas, e desenvolvem tanto o hábito de fazer isso que acaba parecendo normal para elas. Usar um espelho para nos conectarmos com nossos olhos e assegurarmos a nós mesmos que somos bons o bastante e que somos amados pode mudar esse hábito.

Também precisamos dedicar um tempo a olhar para o lado bom das nossas diferenças. Frequentemente as pessoas me dizem que aquela parte única delas mesmas, que antes viam como diferentes e até como um obstáculo, agora é vista não só como ótima, mas como uma vantagem que não trocariam por nada.

Como você sabe, nossa resistência (que inclui a autocrítica) não é nenhum problema, já que ela nos faz evoluir. Em outras palavras, quando você deixa de desgostar de algo a seu respeito, e começa a amá-lo, seu amor-próprio se fortalece, e você recebe os "ganhos" de toda a resistência anterior. Então, não se critique por qualquer tempo desperdiçado com a autocrítica. O tempo não foi desperdiçado — fazia parte de um treino. Veja como um presente que o levará a um novo nível de experiência de vida; um upgrade, se desejar.

Por exemplo: "O que há de bom em ser eu (nas minhas diferenças e no que tenho de único)".

- Isso me deu uma perspectiva de vida que enriqueceu minha existência;
- Está tudo bem me sentir como me sinto;
- Isso me libertou das normas sociais e dos julgamentos;
- Eu sou assim porque devia ser assim;
- Isso fez com que eu desenvolvesse autoconfiança e me conhecesse mais;

- O medo do que os outros pensam é um dos maiores bloqueios para as pessoas que querem ser elas mesmas e esse assunto está me libertando disso.

Seja você, não importa o que aconteça: do "eu real" para o "eu livre"

Visões críticas são uma oportunidade para se voltar para dentro, perceber "o que os outros sabem" e encontrar a própria verdade interna.

É bom que falem de você. Deixe que falem. Quer alguém ame você ou não, isso é atenção. As conversas das pessoas sobre você servem para mandar energia. Estar conectado com seu "eu real" transforma as críticas em bênçãos. Procure radicalmente pelo lado bom de tudo isso, para que essa situação não tenha poder sobre você. Deixe as pessoas falarem, você não precisa ouvir ou ler o que está sendo dito. Preste menos atenção ao falatório mental daqueles que o julgam, seja nas redes sociais ou em qualquer outro lugar. Não se importe com isso, desligue-se e sintonize na sabedoria que há dentro de você, que brota em ideias, não de pensamentos.

E, então, saia de casa e desfrute a vida. Siga centrado no seu "eu livre", livre da confusão de pensamentos e aberto ao fluxo de ideias, sendo você, não importa o que aconteça. Não há nada de errado com você.

Conclusão

Defina uma data em sua agenda para começar o curso, e faça-o.

Acalme sua mente com meditação e então preencha-a com gratidão e amor, até que não sobre espaço para mais nada. Isso o beneficiará — e a todos com quem você interage. E, quando se pegar pensando em excesso sobre algo que não é bom, saiba que isso é um treino, é algo no qual podemos encontrar uma bênção.

Você pode ser tentado a simplesmente ficar sentado, divagando sobre seu potencial. Ou outra das coisas favoritas do falatório mental: lendo vários livros sobre práticas, em vez de fazê-las. Ler livros sobre o poder da meditação em vez de meditar, por exemplo. Há alguns livros bons por aí, e você será guiado até os que forem melhores para o seu caso. Mas pensar demais é o que mantém seu "eu real" nublado.

Muitos preferem ler sobre o "eu real" em vez de fazer o que é necessário para vivenciá-lo — ler sobre o "eu real" não o fará alcançá-lo. É hora de fazer o curso de quatro semanas e vivenciar tudo por conta própria.

Procrastinação

As pessoas me perguntam o tempo todo como lidar com a procrastinação: "Como posso me obrigar a fazer as técnicas? Sei que devo fazê-las, mas eu simplesmente não faço... Me pego navegando na internet, assistindo a TV ou lendo sobre filosofia", ou "Você tem uma técnica para lidar com a procrastinação?".

Eu respondo que, mesmo que tivesse uma técnica, você provavelmente procrastinaria e não a faria, mas, piadas à parte, a melhor técnica que encontrei é esta: contrate um coach. Uma das melhores formas de lidar com a procrastinação e fazer mudanças reais na sua vida é trabalhar com um coach. Quase toda estrela do esporte ou cantor profissional tem um coach: alguém que as faça se responsabilizar. É assim com muitas pessoas de sucesso em geral. O segredo delas é um coach que saiba o que está fazendo.

Não fazer as coisas que você sabe que devia estar fazendo é um problema que a maioria de nós enfrenta. É mais fácil não ir para a academia. É mais fácil não fazer o curso deste livro. Um coach o encorajaria a fazer o trabalho necessário para criar o resultado que você deseja. Esse é um dos motivos pelos quais as pessoas me contratam para trabalhar com elas.

Se trabalhar com um coach não é uma opção, há outra coisa que você pode fazer. Pode fazer o curso deste livro com um amigo ou um grupo de amigos e reunirem-se em uma cafeteria para fazer as técnicas juntos, um mantendo o outro no caminho. Foi o que fiz quando comecei a desenvolver este curso.

Para mais informações e para saber mais sobre os seminários, workshops e consultas individuais comigo, visite: www.michaeljames.be.

Primeira edição (setembro/2022)
Papel de miolo Pólen bold 70g
Tipografias Andada e Quicksand
Gráfica LIS